Kai Hafez / Susanne Frank / Bettina Hollstein /
Dorothee Kimmich / Sandra Tänzer
Demokratie, Transformation und Nachhaltigkeit

Kai Hafez / Susanne Frank / Bettina Hollstein /
Dorothee Kimmich / Sandra Tänzer

Demokratie, Transformation und Nachhaltigkeit

Gedenkschrift für Alexander Thumfart

Umschlagabbildung: Kulturquartier in Erfurt, für das sich Alexander Thumfart sehr engagiert hat © Kai Hafez

ISBN 978-3-7329-0991-9
ISBN E-Book 978-3-7329-8946-1

Herstellung durch Frank & Timme GmbH,
Wittelsbacherstraße 27a, 10707 Berlin.
Printed in Germany.
Gedruckt auf säurefreiem, alterungsbeständigem Papier.

www.frank-timme.de

Prof. Dr. Alexander Thumfart (1959–2022)

Inhaltsverzeichnis

[illegible]

Über Alexander Thumfart

Demokratie, Transformation und Nachhaltigkeit sind drei zentrale Paradigmen unserer Zeit, die nur selten zusammen gedacht werden. Jeder Bereich für sich stellt Anforderungen, die wechselseitig allerdings durchaus Konflikte erzeugen können. Demokratische Partizipation kann den ökologischen Umbau einer Gesellschaft nicht nur befördern, sondern auch behindern. Politische Transformation wie im Zuge der deutschen Wiedervereinigung wiederum kann Teilhabe einschränken und Machtungleichheiten erzeugen, die sich über Generationen hinweg auswirken. Der vorliegende Gedenkband für den 2022 verstorbenen Politikwissenschaftler Prof. Dr. Alexander Thumfart von der Universität Erfurt ehrt einen Wissenschaftler und Politiker, der die thematischen Horizonte von Demokratie, Transformation und Nachhaltigkeit zeit seines Lebens zu verbinden suchte. Er schrieb zum Beispiel über antike und frühneuzeitliche politische Theorie, legte die vielleicht umfassendste Studie zur politischen Integration Ostdeutschlands vor und schrieb über Gärten als Metapher der urbanen Moderne. Grundlegende Fragen der Postdemokratie, Öffentlichkeit und des dialogischen Miteinanders waren zentrale Motive seines Denkens und Wirkens als Theoretiker, langjähriger Stadtrat und Bürgermeisterkandidat in Erfurt sowie als engagiertes Mitglied zahlloser zivilgesellschaftlicher Initiativen. Im Zusammendenken der großen Themen unserer Zeit und im Zusammenwirken von Theorie und Praxis des Intellektuellen war Alexander Thumfart ein Vorbild.

Die Stationen seines wissenschaftlichen Werdegangs können hier nicht alle aufgezählt werden (vgl. Lebenslauf im Anhang). Thumfart studierte Philosophie, Politische Wissenschaft und Evangelische Theologie in München und Augsburg. 1991 promovierte er in der Philosophie mit einer Dissertation „Die Perspektive und die Zeichen. Hermetische Verschlüsselungen bei Giovanni Pico della Mirandola“ und habilitierte im Jahr 2000 in der Politikwissenschaft mit einer Arbeit „Die politische Integration Ostdeutschlands“: bis heute wohl der umfangreichste Band der edition suhrkamp. Seit 2009 war

Alexander Thumfart Akademischer Oberrat auf Lebenszeit an der Universität Erfurt; seit 2011 zudem außerordentlicher Professor für Politikwissenschaft. Zwischenstationen seiner wissenschaftlichen Karriere absolvierte er als wissenschaftlicher Mitarbeiter oder Lehrbeauftragter der Universitäten in Augsburg, Ilmenau und Freiburg.

Alexander Thumfart war wie kaum ein anderer Wissenschaftler neben seinem Engagement für Lehre und Forschung auch politisch tätig. Er war Mitglied in zahlreichen Gremien und Beiräten der Universität Erfurt und des Forschungszentrums Erfurt-Gotha, er war zeitweise Fellow im Max-Weber-Kolleg der Universität Erfurt und zuletzt auch gewähltes Mitglied im Senat der Universität. Thumfart gewann zahlreiche Preise für gute Lehre. Für die Fraktion von Bündnis 90/Die Grünen war er ehrenamtlicher Stadtrat in Erfurt und politischer Vorkämpfer einer ökologischen Wende in der Politik. Er war Mitglied in zahlreichen Ausschüssen der Stadt Erfurt. Mehr Engagement ging einfach nicht.

Der nachstehende Band würdigt einen außergewöhnlichen intellektuellen und politischen Zeitgenossen und eine von vielen verehrte und geliebte Persönlichkeit, die ein Bemühen um eine zukunftsfähige politische Kultur in Deutschland verkörperte.

I

von Dorothee Kimmich

„Den Kopf hochzuhalten ist das Merkmal des Menschseins.“
Giovanni Pico della Mirandola

Erinnerungen an einen Verstorbenen sind individuell, subjektiv und fragil. Erinnerung ist immer auch demjenigen verpflichtet, an den erinnert wird. Wie hätte er gewollt, dass man ihn in Erinnerung behält? Was hätte er sich gewünscht? Gibt es verschiedene Seiten, Perspektiven und unterschiedliche Geschichten?

Es gibt viele Geschichten von und über Alexander, die sich gegenseitig kommentieren, miteinander konfligieren, einander überschreiben und neu ansetzen. So hat er es selbst auch immer gehalten: Alexander Thumfart war ein Erzähler. Er hat sein Leben erzählt, seine Kindheit und seine Jugend, seine Reisen und sein Studium, seine Enttäuschungen und seine Wünsche. Er hat von langweiligen Sonntagen in München, vom Freibad in Uffenheim, von einem sehr einfachen Leben, auch von Gleichgültigkeit, Neid und Härte erzählt, von Italien und Neuseeland, von Büchern und Kochrezepten, von guten und schlechten Freund*innen, Radtouren und auch von den Plänen, die er hatte. Er ist nicht groß geworden in einer Familie, in der gesprochen wurde, nicht mit Büchern und Bildung. Vielleicht hat er deshalb auch viele Studierende gut verstanden, für die die Schwelle zur Universität fast unüberwindlich hoch erschien und immer noch erscheint. Für ihn waren Bildung, Freund*innen und Reisen, Lesen, Musik und Filme eine Rettung. Nie allerdings hat er vergessen, dass es so eine Rettung nicht für alle gibt.

Alexander Thumfart hat seine Dissertation über das Werk von Pico della Mirandola geschrieben: mehr als 500 Seiten dichte Gelehrsamkeit über einen Philosophen, den heute kaum jemand mehr kennt. Giovanni Pico lebte im 15. Jahrhundert in Mirandola, Florenz und Padua und hatte es sich in den Kopf gesetzt, Religion und Philosophie, ja sogar *alle* Weltreligionen und die *gesamte* Philosophiegeschichte der damaligen Welt zu versöhnen, in eine Art universale Harmonie zu bringen. Damit machte er sich den Papst und die Kirche zu Feinden, wurde verfolgt und angegriffen. Zudem haben ihn unglückliche, ja gefährliche Liebesabenteuer immer wieder in größte Schwierigkeiten gebracht.

Pico war ein hoch begabter, unerschrockener Menschenfreund. Er hatte eine Mission und stand sich dabei zuweilen selbst im Weg. Manchmal verzweifelte er am Kleingeist seiner Zeitgenoss*innen und zweifelte trotzdem nie daran, dass der Mensch eine Würde hat, die zu verteidigen sich lohnt. Picos Werk hat Alexander tief beeindruckt und auch sehr geprägt. Die säkulare, kosmopolitische Gelehrsamkeit der Renaissance mit ihrer Kunst und Kultur war ein eigener Kosmos, in den er immer wieder gerne gereist ist und aus dem er sich Trost holen konnte, wenn es sonst wenig davon gab.

Von Pico zur deutschen Wiedervereinigung, vom ersten zu Alexander Thumfarts zweitem großen Buch war es ein weiter und kein selbstverständlicher Weg. Aber wahrscheinlich war dieser Weg nicht viel weiter als der von einer winzigen, oft ungeheizten Wohnung in Unterfranken bis an die Universitäten von Augsburg, Freiburg und Erfurt. Selbstverständlich war in Alexanders Lebensweg nichts und leicht war nicht viel. Die Wiedervereinigung und Integration der beiden Deutschlands nicht nur zu erforschen, sondern zugleich zu leben, war damals wie heute alles andere als üblich und fiel ihm bis zu seinem Ende nicht immer leicht.

Aber so wollte er es. So wollte er auch seine Ausflüge, Spaziergänge, Radtouren und Wanderungen: möglichst lang und möglichst steil. Mit dem Rennrad musste es gleich auf den windigen Mont Ventoux hinauf gehen: wie Petrarca 660 Jahre zuvor, allerdings zu Fuß.

Neben all der Belesenheit, mit der er sich auch an schwierige lateinische Texte machte, waren es die Literatur, die Kunst und auch die Musik, die er geliebt hat: Pink Floyd, Asterix und Obelix, Italo Svevo, Jorge Semprún und Simenon. Es waren Geschichten, die ihn fasziniert haben, die er sich merken und dann auch wiedergeben konnte. Auch Witze sind übrigens kleine Geschichten, die man so erzählen muss, dass Andere mitlachen können. Geschichten erzählen wollte er, gegen das Vergessen, gegen die Gleichgültigkeit, gegen das Wegschauen und die Arroganz. Geschichtenerzählen bedeutete ihm auch immer, dass jemand zuhört, dass aus isolierten Individuen eine Gemeinschaft wird. Mehr als das Schreiben von Büchern und Aufsätzen war es das Sprechen, das Geschichtenerzählen, das zu seinem Anliegen wurde. Mit dem Sprechen, dem Ansprechen des Anderen, sollte immer wieder eine freundliche, zuvorkommende Atmosphäre der Gemeinschaft geschaffen werden – oder auch ein Forum harter Kritik.

Schweigendes Desinteresse, sture Maulfaulheit, stumme Überheblichkeit und sprachlose Verstocktheit waren ihm ein echtes Gräuel, und in solchen Situationen haben ihn viele erbost und wütend erlebt. Es war, als komme für ihn alles Übel aus dem Nichtmiteinanderreden, und so hat er das Schweigen wirklich gefürchtet wie Pico della Mirandola den Teufel.

Woran man sich erinnert, ist individuell, oft subjektiv und fragil. Was uns seit August 2022 fehlt, ist Alexanders Stimme.

II

von Kai Hafez

Mit Alexander Thumfart hat die Universität Erfurt aus meiner Sicht ihren besten Hochschullehrer verloren. Er war ein Freund und Kollege, der mit vielen von uns zusammengearbeitet hat und den wir sehr vermissen. Er war beliebt wie kein zweiter, ein charismatischer Mensch – enorm klug, engagiert und den Menschen zugewandt. Seine Leistung bestand nicht nur in den Preisen für gute Lehre, die er regelmäßig gewann. Seine besondere Qualität lag vielmehr in der überragenden Resonanz vor allem bei den Studierenden, die er wie kein anderer in geistige Dialoge verstrickte.

Alexander wollte verstehen, weniger erklären und schon gar nicht dozieren. Das dialogische Prinzip durchzieht all seine Arbeiten von der politischen Theorie der Renaissance über die politische Transformation Ostdeutschlands bis zur Post-Demokratie und zur Nachhaltigkeit. Oft hat er seine Gedanken in Frageform vorgetragen. „Könnte es sein, dass…?", war eine typische Einleitung, auf die in der Regel richtungsweisende Gedankenspiele folgten. Ja, er war auch verspielt, ein ludischer Mensch, aber er lachte nie *über* und stets *mit* anderen Menschen.

Gemeinsame Seminare mit ihm waren keine „Lehrveranstaltungen", es waren intellektuelle Reisen zu neuen Horizonten. Ich weiß, dass viele Kolleg*innen ähnliche Erlebnisse hatten. Nichts war fest, alles im Fluß, niemand war so blitzgescheit wie er, aber er wollte weg von den Mythen der Buchkultur und der traditionellen Aufklärung, hin zu einer wirklich reflexiven Kultur des Nichtwissens. Sich irritieren lassen, im Gespräch bleiben, das waren seine Leitmotive.

In einer Radiosendung sagte er einmal, man müsse nicht jede politische Meinung eines anderen gutheißen – aber sich doch für einen kleinen Moment hineinversetzen. In seiner großen Habilitation, bis heute das dickste Buch der „edition suhrkamp", wünschte er sich einen höheren Eigenanteil der ostdeutschen Länder, aber nicht im Gegen-, sondern im Miteinander. Dialog auf Augenhöhe, und bestimmt keine rassistische Ausgrenzung, wie sie manch eine Partei heute betreibt. Das ist das Vermächtnis des Alexander Thumfart – wir sollten es ernst nehmen.

Obwohl ein großer Diplomat und Dialogist war Alexander nicht beliebig, sondern agierte zutiefst normativ und humanistisch. Der „nette Herr Thumfart", den viele kannten, war immer auch ein Kämpfer. Davon zeugte nicht nur sein Engagement in der Stadt Erfurt, wo er langjähriges Mitglied im Stadtrat und Bürgermeisterkandidat war, sondern auch in der Hochschule selbst, in Gremien wie dem akademischen Senat der Universität Erfurt. Als 2020 Thomas Kemmerich (FDP) Ministerpräsident von Thüringen mit Hilfe der AfD wurde, da organisierten Alexander und ich eine Protesterklärung, die binnen 48 Stunden von der Hälfte der Mitarbeiter*innen der Universität unterzeichnet und an den Landtag übermittelt wurde. Politische Kultur, nicht Wahlkampfarithmetik, Demokratie und Liberalität als Einheit waren die Handlungshorizonte von Alexander Thumfart. Da stand er nun vor einem großen Auditorium der Mitarbeiter*innen der Universität – und konnte buchstäblich nicht anders.

Auch da war er moralisch, ohne moralistisch zu sein. Das können nicht viele, leider. Deswegen fehlt Alexander so, dieser Universität, dieser Stadt, diesem Land. Für die Gesellschaft wünschte er sich ein neues Denken der Nachhaltigkeit, für die Universität mehr Internationalität. Er hat dabei auch unter strukturellen Pressionen der Universitätskultur gelitten, die ihm oft zu konservativ war. Darüber konnte er sogar schimpfen. Aber er hat sich von seiner Universität, die für ihn ein zentraler Ort war, nie distanziert, er hat sich immer in ihr engagiert. Er war auch hier ein großes Vorbild.

Theorie und Praxis als Einheit in der Arbeit des Intellektuellen als Bürger. Die Universität war sein Zuhause. Er war auf dem Campus allgegenwärtig. Unser Café Hilgenfeld hat sogar überlegt, einen Espresso nach ihm zu benennen, weil er den so gern trank. Das hätte ihn mit Sicherheit sehr amüsiert. Denn lachen konnte er.

Am Ende hoffe ich einfach, dass sein Sekretariat recht hat, das im reich bestückten virtuellen Kondolenzbuch[1] schrieb, ich zitiere: „dass er jetzt irgendwo im Grünen sitzt, lächelnd und mit dem nächsten Ziel im Kopf […] und er würde sagen: ‚Ich habe euch nicht verlassen, ich bin euch nur ein Stück voraus'."

1 https://www.uni-erfurt.de/staatswissenschaftliche-fakultaet/fachrichtung/sozialwissenschaten/hochschuldozentur-fuer-politische-theorie/virtuelles-kondolenzbuch.

III

von Bettina Hollstein, Isabelle Lamperti und Sandra Tänzer

Zwei wissenschaftliche Projekte von Alexander Thumfart, an denen er bis zu seinem für uns alle unfassbaren Tod gearbeitet hat, waren das Projekt „Diktaturerfahrung und Transformation. Biographische Verarbeitungen und gesellschaftliche Repräsentationen in Ostdeutschland seit den 1970er Jahren" (DuT)[1] und das Projekt „Klima-Netzwerk für mehr Nachhaltigkeit in Thüringen" (KLIMA-N).[2]

Es sind zwei von zahlreichen gemeinsamen Vorhaben, in denen wir Alexander Thumfart als Wissenschaftler und Menschen kennen und schätzen lernen durften: seine Klugheit und hohe fachliche Expertise, sein Engagement, seinen ausgeprägten Sinn für Gerechtigkeit, seine vielseitige Belesenheit und seine geradlinige Art, Probleme und Missstände beim Namen zu nennen, ohne dabei verletzend, wertend, zuschreibend zu sein.

Ich, Isabelle Lamperti, war Assistentin im „DUT-Projekt" (2019–2023), nachdem ich lange Jahre Tutorin in seiner Einführungsvorlesung in die Sozialwissenschaften war. Wir, Bettina Hollstein und Sandra Tänzer, arbeiteten mit Alexander bereits mehr als zehn Jahre zusammen, organisierten unter anderem seit 2012 gemeinsam das Studium Fundamentale Nachhaltigkeit und im Sommersemester 2021 die Ringvorlesung „Gärten: Geschichte, Kulturen, Gestalten", aus der ein 2022 veröffentlichter Herausgeberband mit dem Titel „Gärten – Von der Naturbeherrschung zur gesellschaftlichen Utopie" hervorgegangen ist. Wir zitieren aus dem ersten Satz der Einleitung, den Alexander Thumfart formuliert hat:

1 Vgl. den Beitrag von Isabelle Lamperti und Sandra Tänzer in diesem Band.

2 Vgl. den Beitrag von Bettina Hollstein in diesem Band.

> „Eine Geschichte des ‚Gartens' schreiben zu wollen, erwiese sich als ein wohl endloses und damit aussichtsloses Unterfangen. Denn ‚den Garten' gab und gibt es […] in den unterschiedlichsten Ausprägungen und Formen, mit unterschiedlichsten Funktionen, in vielfältigen sozialen, rechtlichen und politischen Rahmungen, mit divergierenden symbolischen Aufladungen und Erwartungen, um von den botanischen Variationen noch gar nicht zu reden. Zugleich werden die realen, historischen Gartengestalten durchzogen und durchdrungen von literarischen, philosophischen, religiösen, theologischen Bildern, Deutungen und Erinnerungsgeschichten […]."

Genauso war es mit dem Leben von Alexander Thumfart: Einen Gedenkband über sein Leben gestalten zu wollen, erweist sich als ein wohl endloses und aussichtsloses Unterfangen, denn sein Leben war geprägt von unterschiedlichsten Funktionen, in vielfältigen sozialen, beruflichen und politischen Rahmungen, mit divergierenden Aufladungen und Erwartungen und durchzogen und durchdrungen von unterschiedlichsten literarischen, philosophischen, historischen und sozialwissenschaftlichen Bildern, Deutungen und Erinnerungsgeschichten.

Wir betrachten daher mit unseren Beiträgen nur einige Beete seines Gartens, wollen die Vielfalt und Buntheit wahrnehmen, uns an dieser Vielfalt erfreuen, trauern, dass dieser Garten nicht ewig blüht, aber hoffen, dass er vielleicht doch in unserer Erinnerung lebendig bleibt und nachhaltig Früchte trägt.

Manche Ecken des Gartens sind gut versteckt, bieten Schutz und Ruhe, die notwendig ist, um die Bücher, die auch die Wände der Gartenhütte von oben bis unten zieren, zu lesen oder auch Tiere zu beobachten. Der Natur nahe kommen, sie zu bewahren und als Grundlage des Lebens auf der Erde zu schützen, war ein wichtiger Impuls für sein Engagement in Sachen Nachhaltigkeit. Der Garten ist aber nicht abgeschlossen, sondern Ausgangspunkt für Wanderungen in die Natur, nach Irland, Italien, Frankreich – ganz allgemein in die Welt. Diese Offenheit und Neugier für andere Menschen, Ideen, Perspektiven prägten Alexander Thumfarts Leben und Wirken.

Wenn wir uns Alexander Thumfarts „Nutzgarten" nähern, der seinen Lebensunterhalt sicherte, gilt es inne zu halten. Am Eingang, der seltsamerweise seiner Bürotür ähnelt, hängt ein wichtiger Hinweis: „Überlegen Sie, was sie sagen wollen, bevor sie anklopfen!“ Ein gut gemeinter Rat an Studierende, aber auch an uns alle. Dabei ist dieser wichtige Rat so humorvoll verpackt, dass wir schmunzeln müssen. Dieser empathische Zugang zu den Studierenden war charakteristisch für Alexander Thumfart. Er begegnete den Studierenden auf Augenhöhe, nahm sich Zeit für kurze Gespräche auf dem Gang oder längere bei einem Kaffee. In seinen Vorlesungen und Seminaren vermittelte er ein kritisches, immer freiheitlich-demokratisch geprägtes Denken sowie eine besondere Gründlichkeit und Tiefgründigkeit beim Lesen von Texten. Er forderte ein Mit-Denken von den Studierenden ein, das einen fruchtbaren und inspirierenden Austausch – oft angestoßen durch eine metaphernreiche und bildhafte Sprache – sowohl zu theoretischen als auch aktuellen Fragen und Problemlagen ermöglichte.

Auch der folgende Hinweis findet sich an seiner Bürotür: „Hec est vera libertas, hec equitas civitatis, nullius vim, nullius iniuriam vereri, paritatem esse iuris inter se civibus, paritatem reipublice adeunde.“ (Leonardo Bruni [Aretino], Florenz 1428). Glücklicherweise hat Alexander Thumfart antizipiert, dass nicht alle perfekt Latein sprechen und hat die Übersetzung darunter gesetzt:

> „Das ist wahre Freiheit, darin besteht Gleichheit in einer Stadt: keines Menschen Macht, keines Menschen Gewalttat zu fürchten, und sich der Gleichheit des Gesetzes für alle und des gleichen Zugangs zur *res publica*/der politischen Öffentlichkeit zu erfreuen.“

Diese Vorstellung einer republikanischen Freiheit hat das öffentliche Wirken wie auch das wissenschaftliche Arbeiten von Alexander Thumfart geprägt. In seiner Doktorarbeit zu Pico della Mirandola (1996) oder in den „Staatstheorien des italienischen Bürgerhumanismus“ (2005) spiegelt sich sein multiperspektivischer Blick wider, der Humanismus und Utopie verbindet – er hat ihn auch in seiner Forschung zum Transformationsprozess in Ostdeutschland angewandt. Seine über tausend Seiten umfassende Schrift zur politischen Integration Ostdeutschlands (2002) beschäftigt sich nicht nur mit der Transformation des politischen Systems, etwa der Institutionalisierung der Länderparlamente oder des Parteiensystems, sondern betrachtet auch Verbände, Kirchen, kommunale Akteure, Medien, Kunst.

Dabei ist sein Fokus ein normativer, denn es geht um politische Mechanismen, Institutionen, Verfahren und Haltungen, die es ermöglichen, „neue, gemeinsame und gleichgewichtige Selbstverständigungsweisen und plurale, offene und experimentelle Mitgliedschaften auszubilden". Das schließt Eigensinn mit ein, plädiert aber für einen demokratisch-öffentlichen und politischen Basiskonsens. Diese Haltung, die er in seinen wissenschaftlichen Arbeiten ausbuchstabiert hat, hat er auch in seinem politischen Engagement gelebt. Diese Haltung ist uns Vermächtnis und Ansporn, sein Engagement in Universität und Gesellschaft fortzuführen.

IV

von Susanne Frank

Ich danke für die Ehre, hier für jene Freundinnen und Freunde sprechen zu dürfen, die Alexander in seinen „mittleren" Jahren, d.h. um die Mitte der 1990er Jahre kennengelernt hat. Nach dreieinhalb Jahren an der Technischen Hochschule Ilmenau war Alexander 1994 an die Pädagogische Hochschule Erfurt gekommen.

Es war die wilde, chaotische Nachwendezeit, in der sich die ostdeutschen Städte ökonomisch, politisch, sozial und kulturell so rasant verändert haben, dass wir oft gar nicht so schnell mit- oder hinterhergekommen sind. Und gerade das hat uns fasziniert. Wir waren neugierig und offen und wollten den tiefgreifenden Wandel hautnah miterleben. In dieser Zeit ist Alexanders 1000 Seiten umfassende Habilitationsschrift zur politischen Transformation und Integration Ostdeutschlands entstanden.

Beinahe jeden Freitagabend haben wir uns getroffen, um unsere Erlebnisse und Erfahrungen auszutauschen. Häufig waren noch andere Freunde dabei, oft waren wir auch zu zweit. An diesen „Wochenrückblicken" ist mir besonders lebhaft in Erinnerung, wie viel und wie herzlich wir gelacht haben. Und das gerade nicht, weil das Leben und das Erlebte immer so lustig oder komisch gewesen wären, im Gegenteil. Die Zeit der Umbrüche war anregend und aufregend, aber auch aufreibend und kräftezehrend. Eine Zeit „mit Höhen und Tiefen, Freuden, Enttäuschungen und Irritationen", wie Alexander diese Phase erst kürzlich charakterisiert hat.

Wenn wir – wie es der Duden vorschlägt – Humor als die Begabung verstehen, der Unvollkommenheit der Welt und den alltäglichen Schwierigkeiten und Missgeschicken mit heiterer Gelassenheit zu begegnen, dann war Alexander der humorbegabte Mensch schlechthin. Was uns verbunden hat, war der Versuch, unsere Irritationen und Frustrationen und auch die Einsicht in die eigenen Unzulänglichkeiten auf Abstand zu halten, indem wir über sie – über uns – gelacht haben.

Für Alexander war die Fähigkeit zur Selbstironie zentraler Teil seiner „Lebensphilosophie". Die Fähigkeit und vor allem auch die Bereitschaft, zu sich selber ein Stückweit auf Distanz zu gehen, konnte seiner Meinung nach nicht hoch genug geschätzt werden. „Wir brauchen immer einen halben Schritt Abstand vom eigenen Denken, Handeln, Urteilen", hat er gesagt. Erst diese Selbstdistanz ermöglichte seiner Meinung nach auch Humor. Mit humorlosen Menschen konnte er nichts anfangen – nicht nur persönlich nicht, er hielt sie auch für politisch gefährlich. Umgekehrt hat er stets darauf gesetzt – und das wissen hier ja wahrscheinlich sehr viele –, dass das gemeinsame Lachen gerade in kritischen, angespannten Situationen eine Brücke zwischen Streitenden, ja sogar zwischen erbitterten Kontrahenten bauen kann. Alexander glaubte tief an das Verbindende des Humors, an das Miteinander- und nicht Übereinander-Lachen.

Unsere Freitagabendtreffen hatten stets den gleichen festen Ablauf. Wir haben erst gut gegessen – Alexander war definitiv auch ein Genussmensch – und uns dann bei einigen Getränken die Köpfe heiß geredet. Jeder Abend endete mit einem festen Ritual, nämlich dann, wenn Alexander sich einen Fernet Branca bestellt hat. Dann sind wir zu Fuß nach Hause gelaufen.

Auch nach unserem Wegzug aus Erfurt sind wir einander eng verbunden geblieben und haben unsere Wege wechselseitig begleitet. Ich trauere um meinen Lebensfreund der letzten 25 Jahre. Alexander fehlt als blitzgescheiter, anregender Diskussionspartner und als warmherziger, lebenskluger Ratgeber. Heute werde ich einen Fernet Branca auf ihn trinken!

Vom guten Leben: *Parrhesia*, Politik und Freundschaft

von Dorothee Kimmich

Parrhesia

Die Bedeutung des Wortes *Parrhesia* erklärt sich erst einmal aus der Vorsilbe πᾶν (pân, „all“) und dem Stamm von ῥῆμα (rhêma), ῥῆσις (rhêsis, „sprechen, sagen“[1], „utterance, speech“[2]). *Parrhesia* meint damit zwar wörtlich: Sprechen über alles. Man würde es sich allerdings zu einfach machen, *Parrhesia* schlicht mit „Redefreiheit“, „Freimütigkeit“ oder „Lizenz zum Reden“ zu übersetzen. Denn die wörtliche Übersetzung erfasst nur einen Teil jener Bedeutung von *Parrhesia*, die seit der Antike mit ihrer Theorie und Praxis verbunden wird.[3]

In einer Zeit, in der fast die Hälfte aller Deutschen bezweifelt, dass man seine Meinung offen vertreten könne,[4] ist das Nachdenken über Parrhesia vielleicht nötiger denn je. Auch das Geschehen auf verschiedenen Social Media-

1 ‚παρρησί-α‘, in: Wilhelm Pape (Hrsg.) (1954), Griechisch-deutsches Handwörterbuch, bearbeitet von Maximilian Sengebusch, Bd. 1 u. 2, Graz: Akademische Druck- und Verlagsanstalt (Nachdr. d. 3. Aufl.).

2 ‚παρρησί-α, parrhesia‘, in: Henry George Liddell/Robert Scott (Hrsg.) (1968), A Greek-English Lexicon, Bd. 2, Oxford: Clarendon Press (9. Aufl.), S. 1344.

3 Reinhold Hülsewiesche (2002), Redefreiheit, in: Ulrich Dierse/Gunter Scholtz (Hrsg.), Archiv für Begriffsgeschichte. Begründet von Erich Rothacker, Bd. 44, Hamburg: Meiner Verlag für Philosophie, S. 103–143; Kurt Raaflaub (1980), Des freien Bürgers Recht der freien Rede. Ein Beitrag zur Begriffs- und Sozialgeschichte der athenischen Demokratie, in: Werner Eck/Hartmut Galsterer/Hartmut Wolff (Hrsg.), Studien zur antiken Sozialgeschichte, Festschrift Friedrich Vittinghoff, Köln/Wien: Böhlau, S. 7–57; Heinrich Schlier (1942), ‚parrhesia‘, in: Gerhard Friedrich (Hrsg.), Theologisches Wörterbuch zum Neuen Testament, begründet von Gerhard Kittel, Bd. 5, Stuttgart: W. Kohlhammer (unveränd. Nachdr. d. Ausg. v. 1933), S. 869–884.

4 Ergebnis der Umfrage 12036 des Instituts für Demoskopie Allensbach, Allensbacher Archiv, Juni 2021. Eine kritische Betrachtung der Studien-Ergebnisse wird – wie immer – vorausgesetzt. Veröffentlichung in der Frankfurter Allgemeinen Zeitung Nr. 136 vom 16. Juni 2021,

Plattformen fordert uns auf, freie Rede und ihre Regeln zu reflektieren.[5] Nützlich ist eine solche Reflexion schon deshalb, weil dabei schnell deutlich wird, dass das Nachdenken über das, was gesagt werden sollte, wie es gesagt werden sollte und wer es sagen sollte, kein Phänomen ist, das erst in den letzten Jahren virulent wurde. Es ist auch kein Phänomen, das erst mit der Debatte um nicht-rassistisches, gendergerechtes Sprechen entstanden ist, und es ist vor allem nicht eines, das voller Empörung und Gereiztheit diskutiert werden kann. Das Erste, was sich aus der Geschichte der *Parrhesia* lernen lässt, ist die Tatsache, dass es sich um ein schwieriges Feld handelt, dem Umsicht und Vorsicht guttun, Selbstgerechtigkeit und Ressentiment aber eben gerade nicht.

Es ist unwahrscheinlich, dass diejenigen, die sich heute in Deutschland beim Sprechen eingeschränkt oder gar „gegängelt" fühlen, damit staatliche Zensur meinen. Die meisten, die sich in ihrem Reden unwohl fühlen, beziehen sich nicht auf staatliche Eingriffe, Überwachung oder Strafe, sondern auf die Etablierung neuer Konventionen, die sie (noch) nicht teilen. Es geht um den Alltag des Sprechens und nicht um Artikel 5 des Grundgesetzes: „(1) Jeder hat das Recht, seine Meinung in Wort, Schrift und Bild frei zu äußern und zu verbreiten und sich aus allgemein zugänglichen Quellen ungehindert zu unterrichten." Weiter heißt es im darauf folgenden Absatz: „(2) Diese Rechte finden ihre Schranken in den Vorschriften der allgemeinen Gesetze, den gesetzlichen Bestimmungen zum Schutze der Jugend und in dem Recht der persönlichen Ehre."[6] Artikel 19 der Universal Declaration of Human Rights (UDHR) von 1948 lautet entsprechend:

> „Everyone has the right to freedom of opinion and expression; this right includes freedom to hold opinions without interference and to

S. 8, unter dem Titel: „Die Mehrheit fühlt sich gegängelt. Nur noch weniger als die Hälfte glaubt, man könne seine Meinung in Deutschland frei äußern."

5 François Allard-Huver/Nicholas Gilewicz (2015), Digital Parrhesia 2.0: Moving beyond Deceptive Communications Strategies in the Digital World, in: Dew Harrison (Hrsg.), Handbook of Research on Digital Media and Creative Technologies, Chicago: IGI Global S. 404–416; Pramod K. Nayar (2010), WikiLeaks, the New Information Cultures, and Digital Parrhesia, in: Economic and Political Weekly, 52/45, S. 27–30.

6 Grundgesetz der Bundesrepublik Deutschland, Art. 5, Abs. 1 u. 2, 1949.

seek, receive and impart information and ideas through any media and regardless of frontiers."[7]

Die Formulierungen sind grammatisch gesehen konstatierende Sätze, die allerdings hier eine präskriptive oder regulative Funktion haben. Der Unterschied zwischen präskriptiven und regulativen Regeln bzw. Äußerungen ist ein in der Sprechakttheorie viel diskutiertes Thema, das weit über die Sprachphilosophie hinaus in die Ethik und die Politik hineinwirkt. John R. Searle formulierte den Unterschied klar:

> „Die regulativen Regeln können wir zunächst als Regeln charakterisieren, die bereits bestehende und unabhängig von ihnen existierende Verhaltensformen regeln – zum Beispiel regeln viele Anstandsregeln zwischenmenschliche Beziehungen, die unabhängig von jenen Regeln existieren. Konstitutive Regeln dagegen regeln nicht nur, sondern erzeugen oder prägen auch neue Formen des Verhaltens. Die Regeln für Fußball oder Schach zum Beispiel regeln nicht bloß Fußball- oder Schachspiele, sondern sie schaffen überhaupt erst die Möglichkeit, solche Spiele zu spielen."[8]

Regulative Regeln sind in gewisser Weise nachträglich zur Konvention, konstituierende hingegen schaffen die Ordnung selbst, sie gelten als performativ.[9]

Ist es nun eine existierende, eine regulierende Verhaltensnorm, dass Menschen, dass alle Menschen sagen dürfen – und können –, was sie denken, meinen und für richtig halten, oder handelt es sich hier vielmehr um eine kon-

7 Universal Declaration of Human Rights, Artikel 19, New York: United Nations General Assembly, 1948.

8 John R. Searle (1971 [1969]), Sprechakte. Ein sprachphilosophischer Essay. Aus dem Amerikanischen von Renate und Rolf Wiggershaus, Frankfurt: Suhrkamp, S. 54; vgl. a. John L. Austin (1962), How to do Things with Words, Oxford: Clarendon Press; Stanley Cavell (2005), Passionate and Performative Utterances: Morals of an Encounter, in: Stanley Cavell/Russel B. Goodman (Hrsg.), Contending with Stanley Cavell, Oxford: Oxford University Press, 177–198.

9 Michel Foucault (1988), Das Wahrsprechen des Anderen, Zwei Vorlesungen von 1983/84, herausgegeben von Ulrike Reuter et al., Frankfurt: Materialis, S. 26–36.

stituierende Regel, die willkürliche Machtausübung und regellose Hierarchien in ihre Schranken weist? Möglicherweise gilt für die Idee der Parrhesie beides: Parrhesie ist konstitutiv und regulativ, versteht sich als selbstverständlich und revolutionär zugleich. Daher ist die Debatte über Parrhesie auch immer zugleich eine, die politisches Handeln und alltägliche Praxis, Gesetz und Moral zugleich betrifft.

Parrhesie ist – so lernen wir aus den antiken Quellen – immer schon gefährlich gewesen. Sie gefährdet nicht nur denjenigen, der die unbequeme Wahrheit ausspricht, sondern – im Idealfall – auch diejenigen, die angesprochen werden. Es handelt sich um ein Sprechen, das in verschiedener Weise prekär und eben gerade nicht selbstverständlich ist. Das, was gesagt wird, ist uneingeschränkt an die Person gebunden, die spricht. Parrhesie verknüpft damit die Autorität des Sprechenden mit seiner Verantwortung für das, was er oder sie sagt, und verbindet somit die moralische Qualität des Sprechenden mit den persönlichen Risiken, die die Kritik provozieren kann. Somit ist sie durch eine Haltung des Muts charakterisiert, weshalb Judith Butler – bezugnehmend auf Foucault – auch explizit nicht von einem Recht, sondern von einer Tugend spricht:

> „Für Foucault ist Kritik ‚ein Mittel für eine Zukunft oder eine Wahrheit, die sie nicht wissen noch sein will, sie überblickt ein Gebiet, das sie nicht überwachen will und nicht reglementieren kann'. So wird Kritik diejenige Perspektive auf etablierte und geregelte Erkenntnisweisen sein, die nicht unmittelbar diesen regelnden Funktionen assimiliert ist. Bezeichnenderweise ist für Foucault diese Enthüllung der Grenzen des epistemologischen Feldes mit der Praxis der Tugend verbunden, als ob die Tugend der Reglementierung und der Ordnung entgegensteht, als ob die Tugend selbst sich darin findet, die etablierte Ordnung aufs Spiel zu setzen. Foucault äußert sich über dieses Verhältnis ganz unzweideutig. Er schreibt, ‚daß etwas an der Kritik der Tugend verwandt ist'. Und dann sagt er etwas vielleicht noch Überraschenderes: ‚Diese kritische Haltung ist Tugend im Allgemeinen'."[10]

10 Judith Butler (2002), Was ist Kritik? Ein Essay über Foucaults Tugend, in: Deutsche Zeitschrift für Philosophie, 50/2, S. 249–265, hier: S. 253.

Foucault geht von einer engen Beziehung von Tugend und Kritik aus: „Es gibt etwas in der Kritik, das sich mit der Tugend verschwägert.“[11] Für das Verständnis der *Parrhesia* ist der Zusammenhang von Kritik und Tugend essenziell, man könnte ihn als wichtigstes Charakteristikum des Wahrsprechens bezeichnen. Wobei jedoch weder Kritik noch Tugend als vorfindlich gedacht werden dürfen: Kritik bringt Tugend hervor und nur in Verbindung mit Tugend ist Kritik gestattet, wirkungs- und sinnvoll. Die Interdependenz der beiden verlangt ein ständiges Austarieren, ein Wissen und eine Praxis, die man in der Antike als einen Bereich der Selbstsorge, als „epimeleia heautou“ betrachtete.[12]

Parrhesia postuliert zunächst allgemein, dass jeder und jede – unabhängig von Hierarchien und Machtpositionen – einer Überzeugung Ausdruck verleihen darf.[13] Dennoch zeigt die historische Entwicklung[14] des *Parrhesia*-Begriffs, dass „jeder und jede“ auch immer einige ausschließen kann. Wer ist jeder? Was ist eine Überzeugung? Was darf man sagen und was nicht? Und warum? Gibt es Grenzen der *Parrhesia*? Wenn ja, wo liegen sie? Müssen sich alle alles sagen lassen? Dies wird in der langen Geschichte der *Parrhesia* zum Teil sehr divergent diskutiert und gehandhabt, die Widersprüchlichkeiten des Konzepts werden dabei nicht aufgehoben:

11 Michel Foucault (1992), Was ist Kritik?, übersetzt von Walter Seitter, Berlin: Merve, S. 9.

12 Michel Foucault (2010), Der Mut zur Wahrheit. Die Regierung des Selbst und der anderen II, Vorlesungen am Collège de France 1983/84, übersetzt von Jürgen Schröder, Berlin: Suhrkamp, S. 208.

13 Foucault (1988), Das Wahrsprechen des Anderen, S. 33.

14 Erik Peterson (1929), Zur Bedeutungsgeschichte von Παρρησια, in: Wilhelm Koepp (Hrsg.), Festschrift für Reinhold Seeberg, Bd. 1: Zur Theorie des Christentums, Leipzig: A. Deichert, S. 283–297, hier: S. 283; Anne Katrin Lorenz (2012), Ausgesprochenes Selbstgefühl. Parrhesia zwischen Öffentlichkeit und Privatheit, Dissertation Universität Tübingen; Hartmut Leppin (2022), Paradoxe der Parrhesie. Eine antike Wortgeschichte, Tübingen: Mohr Siebeck; Petra Gehring/Andreas Gelhard (Hrsg.) (2012), Parrhesia. Foucault und der Mut zur Wahrheit, Zürich: diaphanes; Rüdiger Campe/Malte Wessels (Hrsg.) (2018), Bella Parrhesia. Begriff und Figur der freien Rede in der Frühen Neuzeit, Freiburg: Rombach; Andrea Di Gesu (2022), The Cynic Scandal: Parrhesia, Community, and Democracy, in: Theory, Culture & Society, 39/3, S. 169–186; Daniele Lorenzini (2015), Performative, Passionate, and Parrhesiastic Utterance: On Cavell, Foucault, and Truth as an Ethical Force, in: Critical Inquiry, 41/2, S. 254–268; ders. (2017), La force du vrai, De Foucault à Austin, Lormont: Éditions Le Bord de l'eau.

„Auf der einen Seite weckt das Παρρησία-Ideal die Vorstellung, daß ein jeder das Recht auf Παρρησία hat, und auf der anderen Seite wird der Begriff doch sinnlos, wenn er von einem jeden in Anspruch genommen wird."[15]

Sicher ist allerdings, dass Parrhesia keine „hate speech" sein und keinen „shit storm" auslösen soll. Vielmehr gehört dazu ein Forum, ein Kreis von Zuhörern, die einen auf das verpflichten, was man kritisiert und fordert. Je nachdem, wer zuhört, kann das unangenehm oder sogar gefährlich werden. Parrhesiastisches Sprechen provoziert diejenigen, die ihr Ressentiment pflegen, zieht den Spott der Besserwissenden und den Zorn der Mächtigen auf sich. Auf keinen Fall kann man sich hinter einem Avatar verstecken. Der Parrhesiast steht immer für alle Konsequenzen seiner Rede ein. Sie findet in einem Rahmen statt, der Teilhabe erlaubt, aber auch zur Teilnahme verpflichtet. „Polei kai logo chrestai", so zitiert Foucault Polybios,[16] was er mit den Worten übersetzt: „sich um die Stadt zu kümmern, ihre Angelegenheiten in die Hand zu nehmen"[17]. Er präzisiert es noch: „Gegen die Dummheit, gegen den Wahnsinn, gegen die Verblendung der Mächtigen wird er [der Parrhesiast] die Wahrheit sagen und dadurch den Wahnsinn des Mächtigen begrenzen."[18]

Parrhesia und Politik

Ich werde hier keine erschöpfende Definition von Parrhesie liefern können, sondern nur der dynamischen Geschichte des Konzepts und seiner Praktiken ein wenig folgen können. Das zweifellos wichtigste und einflussreichste Werk zu *Parrhesia* in den letzten Jahrzehnten ist eine Vorlesungsreihe, die Michel Foucault Anfang der 1980er Jahre in Berkeley und am Collège de France in

15 Peterson (1929), Zur Bedeutungsgeschichte von Παρρησία, S. 283.

16 Michel Foucault (2009), Die Regierung des Selbst und der anderen I, Vorlesungen am Collège de France 1982/83, übersetzt von Jürgen Schröder, Frankfurt: Suhrkamp, S. 204.

17 Ebenda.

18 Ebenda, S. 209 f.

Paris gehalten hat.[19] Darin betont er die verschiedenen Aspekte von *Parrhesia*: die politischen, gerichtlichen und moralischen. Foucault stützt sich für seine Ausführungen auf antike Quellen, darunter vor allem Euripides, Platon, Polybios, Epikur, die Stoa, Plutarch und Philodem. Die erste Verwendung des Begriffs wird meist Euripides (etwa 484–407 v. Chr.) zugeschrieben. Dort begegnet man der *Parrhesia* als Wesensmerkmal der attischen Demokratie und entsprechend bedeutet „jeder", der sprechen kann, gerade nicht alle diejenigen, die in der Polis leben, sondern es bezeichnet nur die männlichen Bürger der Polis, die über 30 Jahre alt sind. Bürgerrecht wird durch Geburt erworben:

> „Hätt ich einen Wunsch, / So wärs nach einer Mutter aus Athen, / Die meinem Mund das freie Wort [parrhesia] verbürgt. / Mischt sich ein Fremder in das echte Volk, / Macht ihn kein Bürgerrecht den andern gleich. / Sein Mund verstummt, er ist kein freier Mann."[20]

Weder Frauen noch Unfreie oder Fremde konnten sich auf ein Recht zur *Parrhesia* berufen. Die Rede ist also nicht uneingeschränkt. Das macht sie ebenso problematisch wie doch unverzichtbar.

Die antike *Parrhesia* ist immer schon an die Idee von Demokratie und Öffentlichkeit geknüpft bzw. daran, dass Demokratie eine Öffentlichkeit zu sein hat. Dazu Demosthenes: „Die Demokratien haben viele schöne und gerechte Züge, an denen der Vernünftige festhalten sollte, darunter auch, dass es nicht möglich ist, die Parrhesie, die auf der Wahrhaftigkeit gründet, davon abzubringen, die Wahrheit zu enthüllen."[21] Es besteht eine zirkuläre Bedingtheit

19 Michel Foucault (1988), Das Wahrsprechen des Anderen. Zwei Vorlesungen von 1983/84, herausgegeben und eingeleitet von Ulrike Reuter, Lothar Wolfstetter, Bernd Heiter und Hermann Kocyba, übersetzt von Ulrike Reuter und Lothar Wolfstetter, Frankfurt: Materialis; ders. (1996), Diskurs und Wahrheit. Die Problematisierung der Parrhesia, Berkeley-Vorlesungen 1983, übersetzt von Mira Köller, Berlin: Merve; ders. (2009), Die Regierung des Selbst und der anderen I; ders. (2010), Der Mut zur Wahrheit.

20 Euripides, Ion, in: Gustav Adolf Seeck (Hrsg.) (1972), Euripides. Sämtliche Tragödien und Fragmente. Griechisch-deutsch, übersetzt von Ernst Buschor, Bd. 4, Darmstadt: Wissenschaftliche Buchgesellschaft, S. 225–339, Vers 670–675.

21 Demosthenes, Orationes 60, 26; zit. nach Leppin (2022), Paradoxe der Parrhesie, S. 26.

zwischen Demokratie und *Parrhesie*: Keine Demokratie ohne Parrhesie und keine *Parrhesie* außer in der Demokratie.

Über die politische Funktion hinaus bringt *Parrhesia* unweigerlich moralische Aspekte mit sich, die stets mitdiskutiert werden. Es ist diese Verschränkung von Politik und Tugend, die Foucault besonders fasziniert hat und die er engführt mit der Frage nach dem Subjekt und seiner Wahrheit:

> „Seit mehr als fünfundzwanzig Jahren verfolge ich das Ziel, eine Geschichte der Wege zu skizzieren, auf denen Menschen in unserer Kultur Wissen über sich selbst erwerben: Ökonomie, Biologie, Psychiatrie, Medizin und Strafrecht. Dabei geht es nicht in erster Linie um den Wahrheitsgehalt dieses Wissens, sondern um die Analyse der so genannten Wissenschaften als hochspezifischer ‚Wahrheitsspiele' auf der Grundlage spezieller Techniken, welche die Menschen gebrauchen, um sich selbst zu verstehen."[22]

Foucault beschreibt die Grundhaltung der *Parrhesia* als Aussage eines Subjekts über sich selbst: „Ich bin derjenige, der dieses und jenes denkt" und sagt.[23] Und das, was gesagt wird, bezieht sich auf Wahrheit bzw. es *ist* die Wahrheit. „Vrai dire" nennt Michel Foucault dieses Sprechen ohne Rücksicht auf den Schaden, den man davontragen könnte, ohne Rücksicht auf die Mächtigen, die Missgünstigen und die Böswilligen:

> „Aber sagt der *parrhesiastes*, was er für wahr hält, oder sagt er, was wirklich wahr ist? Meiner Meinung nach sagt der *parrhesiastes*, was wahr *ist*, weil er *weiß*, daß es wahr ist; und er *weiß*, daß es wahr ist, weil es wirklich wahr *ist*. Der *parrhesiastes* ist nicht nur aufrichtig und sagt, was seine Meinung ist, sondern seine Meinung ist auch die Wahrheit. Er sagt, was er als wahr *weiß*. Die zweite Charakteristik ist also, daß es

22 Michel Foucault (1984), Technologien des Selbst, in: Daniel Defert/Francois Ewald (Hrsg.), Schriften in vier Bänden. Dits et Ecrits, Band IV (1980–1988), übersetzt von Michael Bischoff et al., Frankfurt: Suhrkamp 2005, S. 966–998, hier: S. 968.

23 Foucault (1996), Diskurs und Wahrheit, S. 11.

immer eine genaue Übereinstimmung zwischen Glauben und Wahrheit gibt."[24]

Wir haben es hier mit einem Wahrheitsbegriff zu tun, der sich nicht auf den ersten Blick erschließt und Vorstellungen von Wahrheit als Evidenz widerspricht. Wahrheit wird nicht bewiesen – wie in der Neuzeit fast immer –, sondern sie wird im Sprechen vollzogen. Es ist ein performativer Akt. Einen solchen Sprechakt kann nur derjenige vollziehen, der befugt ist: Die Richterin, die „im Namen des Volkes" ein Urteil fällt, der Standesbeamte, der kraft Amtes einen Satz aussprechen und damit eine Handlung vollziehen kann. Die Wahrheit wird zur Wahrheit durch die Verbindung mit der Tugend des Sprechenden. Diese Übereinstimmung sei eine verbale Tätigkeit und nicht wie bei Descartes ein Evidenzerlebnis, betont Foucault. Der Parrhesiast der antiken Philosophie kennt im Unterschied zur neuzeitlichen Philosophie keinen Zweifel daran, dass er im Besitz der Wahrheit ist.[25] Eine solche Rede erfordert also den Mut zur und den Besitz der Wahrheit. Hier steht nichts „in Anführungszeichen", es gibt keine Disclaimer, es wird nicht vermutet oder angedeutet, sondern die Wahrheit gesagt. Diese Haltung ist nicht beliebig und auch nicht austauschbar, sie ist ein Ethos und verbindet sich mit Aufrichtigkeit und Integrität der Person. Man muss ein μεγαλοψυχος – „Megalopsychos"[26] – sein, um die moralischen und ethischen Anforderungen, die an einen Parrhesiasten gestellt werden, zu erfüllen. Schwätzer und Schmeichler sind keine Parrhesiasten.

24 Ebenda, S. 12.

25 Ebenda, S. 13.

26 Aristoteles (1959), Die Verfassung der Athener, herausgegeben und übersetzt von Paul Gohlke, Paderborn: Ferdinand Schöningh 1959, S. 16. Vgl. a. Leppin (2022), Paradoxe der Parrhesie, S. 68: „In der Nikomachischen Ethik, die sich an den gebildeten, erwachsenen, in die Polis eingebundenen griechischen Mann wendet, spielen Nahbeziehungen eine besondere Rolle. Parrhesie begegnet nur an zwei, indes wichtigen Stellen: Gegenüber Freunden und Brüdern, also bei Beziehungen der Gleichheit unter Männern, habe Parrhesie ihren Ort (Eth. Nic. 9,2, 1165a29). An anderer Stelle erörtert Aristoteles die Unabhängigkeit des Hochherzigen (μεγαλόψυχος), der ohne Furcht Zuneigung und Ablehnung äußere. Als solcher ist er ein παρρησιαστής; er besitze Understatement und zeige Wahrhaftigkeit, begegne aber der Masse mit Ironie (Eth. Nic. 4,3, 1124b29–32) – bedient sich mithin ihr gegenüber gerade nicht der Parrhesie, ganz anders, als von Demosthenes postuliert."

Parrhesia und Freundschaft

Eine wichtige Veränderung der *Parrhesia*, wie wir sie aus den Schriften Platons und vor allem den Dramen des Euripides kennen, vollzieht sich im Hellenismus. Ich greife hier nur ein Beispiel heraus: Philodem von Gadara war zu seiner Zeit wohl der bekannteste Vertreter des Epikureismus. Als Dichter und Gelehrter genoss er ein hohes Ansehen. Sogar Cicero, ein prononcierter Gegner epikureischer Gedanken, nannte ihn und Siron – den Leiter des neopolitanischen Epikureerkreises und Lehrer Vergils – „familiares nostros, [...] cum optimos viros, tum homines doctissimos".[27] Von Philodem sind Epigramme, Gedichte, philosophische Schriften zur Logik und Physik sowie eine größere Anzahl von Diatriben, Traktaten zu ethischen Fragen, überliefert, das meiste davon auf den Papyri von Herkulaneum.[28] Darunter ist eine kleine Schrift über die *Parrhesia*: „Περὶ παρρησίας", die einzige bekannte antike Schrift, die Parrhesie im Titel trägt.[29]

Parrhesia wird bei Philodem – erwartungsgemäß – zu einer eher privaten Eigenschaft im Rahmen der epikureischen Freundschaftsethik. Philodem beschreibt *Parrhesia* als eine zentrale Form der Verständigung unter den Angehörigen seiner Schule, als ein wechselseitiges Korrektiv, im Gegensatz zur Schmeichelei. Nur am Rande dagegen spricht er die Parrhesie gegenüber den Herrschenden an. Es ist eine Haltung freundschaftlicher Kritik, die allerdings große Anforderungen an beide Parteien stellt: Takt, Stilgefühl und Empathie auf der einen, Kritikfähigkeit und Offenheit auf der anderen Seite. Hélène

27 Olof Gigon/Laila Staume-Zimmermann (Hrsg.) (1988), Marcus Tullius Cicero. De finibus bonorum et malorum. Ziele menschlichen Handelns, Lateinisch-deutsch, übersetzt von den Herausgebern, Band 2, München/Zürich: Artemis, S. 119.

28 Die Entdeckungs- und Entzifferungsgeschichte der Papyri von Herkulaneum wurde in den letzten Jahren allgemein bekannt, weil sich mit neuen technischen Methoden immer wieder unerwartete Ergebnisse erzielen ließen. Vgl. dazu Kilian Fleischer (2020), Die Papyri Herkulaneums im Digitalen Zeitalter, Neue Texte durch neue Techniken – Eine Kurzeinführung, Berlin: De Gruyter; vgl. a. John T. Fitzgerald (Hrsg.) (1998), Philodemus. On Frank Criticism, übersetzt und eingeleitet von David Konstan/Diskin Clay/Clarence E. Glad/Johan C. Thom/James Ware, Society of Biblical Literature, Texts and Translations 43, Graeco-Roman 13, Atlanta: Scholars Press.

29 Philodem: Peri parresias libellus, Fragment 5 (1914), herausgegeben von Alexander Olivieri, Leipzig: Lipsiae in aedibus B.G. Teubneri.

Wiener schreibt: „Précisons d'emblée que, dans le *Péri Parrhêsias*, la franchise n'est pas un concept philosophique, mais qu'elle est un outil utile dans un cadre relationnel, avec ses protagonistes et leurs actions et réactions, le tout pour atteindre la maturité épicurienne."[30] Erfolgreiche und alte Menschen haben von beidem, Takt und Flexibilität, oft zu wenig. Auch Frauen sollen Parrhesie weder ausüben noch ertragen können. Sie gilt Philodem zudem weniger als ein Bürgerrecht, sondern vielmehr als eine Verhaltensweise, die bestimmte Gemeinschaften – aus Freunden, Schülern und Lehrern – untereinander ausüben. Ähnliche Überlegungen finden sich auch noch bei Plutarch, der von der „kritische[n] Nähe" ausgeht[31], die Parrhesiasten untereinander verbindet und zugleich auf Distanz hält.

Die „kritische Nähe" der Parrhesie ist eine Frage von Takt und Ethos, also Feingefühl. Es handelt sich um eine Tugend bzw. um eine *techné*, deren Erwerb außerordentlich aufwändig ist und meist lebenslanges Lernen verlangt. *Parrhesia* muss im eigenen Lebenswandel ständig neu bestätigt werden. Oft ist sie eine Gratwanderung zwischen Takt und Offenheit. Sie wird häufig mit einer Kunst verglichen, die vor allem im Dialog zwischen Gleichgesinnten eine Rolle spielen soll. Da sie nie verletzend sein darf, sollte man sich selbst kontrollieren, den richtigen Zeitpunkt einschätzen und einen geeigneten Ort wählen können. Sie bedarf somit auch einer dauernden Selbstbeobachtung und -kritik, also auch einer kritischen Nähe zu sich selbst. Diese Einübung in „kritische Nähe zu sich selbst" heißt in der Antike: epimeleia heautou, „Selbstsorge".

Parrhesia und das gute Leben

Die Vorstellung, dass der Mensch sich um sich selbst zu kümmern, dass er für sich selbst zu sorgen habe, ist ein Topos der gesamten griechisch-römischen Geistestradition. Sie war für den Stoizismus und Epikureismus der römischen Kaiserzeit von zentraler Bedeutung, so Foucault:

30 Hélène Wiener (2018), Le *Péri Parrhêsias* de Philodème de Gadara et la *parrhêsia* dans les Actes des apôtres, in: Études théologiques et religieuses, 93/2, S. 301–316, hier : S. 302.

31 Vgl. Leppin (2022), Paradoxe der Parrhesie, S. 75.

„In der griechisch-römischen Welt ist die Selbstsorge die Art und Weise gewesen, in der die individuelle Freiheit – oder bis zu einem gewissen Punkt die bürgerliche Freiheit – sich als Ethik reflektiert hat [...] das Thema der Selbstsorge [hat] wirklich das ganze moralische Denken durchzogen [...].“[32]

Selbstsorge ist nicht das berühmte gnothi seauton, ist also nicht identisch mit Selbsterkenntnis, sondern umfasst einen weiten Bereich von Prinzipien und Lebenspraktiken, Verhaltensregeln und Lebensformen. Unbestreitbar hat im Laufe der abendländischen Geschichte jenes „Erkenne dich selbst“ den Imperativ des „Kümmere dich um dich selbst“ verdrängt. Das *denkende* Subjekt hat in der okzidentalen Philosophie nicht erst seit Descartes ein so deutliches Übergewicht, dass andere Formen von Welterschließung, von Wissen und moralischem Verhalten kaum mehr in den Blick geraten sind. Im griechischen Denken dagegen ist das „Erkenne dich selbst“ ohne das praktische „Sorge für dich“ gar nicht vorstellbar, denn jene Selbstfürsorge ist notwendige Voraussetzung der Erkenntnis. Es handelt sich um eine lange Entwicklung der Lebenskunst im Zeichen der Sorge um sich. Mit einer solchen Form der Selbsterkenntnis und Sorgfalt gegenüber sich selbst ist nicht nur kritische Selbstreflexion gemeint, sondern vielmehr die Suche nach einem ausgeglichenen Gemüt, einer Lebenshaltung, die neben physischer auch die psychische Gesundheit einschließt.[33]

Eines der wichtigsten Beispiele für die Bedeutung und Funktion der epimeleia lässt sich bei Platon finden. Der Dialog „Alkibiades I“ und die „Apologie des Sokrates“ thematisieren beide die Selbstsorge ausführlich. Alkibiades kommt am Ende des Dialogs zu dem Schluss, dass er eine verantwortliche Rolle im Staat nur dann übernehmen könne, wenn er gelernt habe, sich zu kennen und Sorgfalt auf sich selbst zu verwenden.[34] In der platonischen Tradition findet

32 Michel Foucault (1985), Freiheit und Selbstsorge, Interview 1984 und Vorlesung 1982, herausgegeben von Helmut Becker, Frankfurt: Materialis, S. 15.

33 Dorothee Kimmich (1993), Epikureische Aufklärungen. Philosophische und poetische Konzepte der Selbstsorge, Darmstadt: Wissenschaftliche Buchgesellschaft, S. 16.

34 Gunther Eigler (Hrsg.) (1977), Platon: Alkibiades, Werke in 8 Bänden, übersetzt von Friedrich Schleiermacher, Bd. 1, Darmstadt: Wissenschaftliche Buchgesellschaft, 133e.

die Selbstsorge ihre Form und ihre Vollendung noch in der Selbsterkenntnis, der wenn auch nicht einzigen, so doch höchsten Form der Selbstsorge. Dies ändert sich im Hellenismus, wie Foucault erkennt. Neben dem auf sich selbst gewendeten Blick sind es jetzt zusätzlich bestimmte Praktiken und Übungen, die einen gewissen Stil des Lebens charakterisieren, und neben der rationalen Seite der Selbstsorge wird die körperlich-seelische Komponente in den Vordergrund gerückt:

> „Zusammenfassend können wir sagen: In der Rangordnung der beiden antiken Maximen ‚Achte auf dich selbst' und ‚Erkenne dich selbst' hat es eine Umkehrung gegeben. In der griechisch-römischen Kultur erschien die Selbsterkenntnis als Folge der Sorge um sich. In der Moderne dagegen verkörpert die Selbsterkenntnis das fundamentale Prinzip."[35]

Foucault untersucht hier eine Geschichte der Epistemologien, die sich auch für die europäische Tradition als nicht so homogen erweist, wie das meist angenommen wird. Eine bruchlose Linie vom delphischen gnothi seauton zu Descartes cogito ergo sum lässt sich – mit Blick auf die Selbstsorge – nicht mehr ziehen. Es handelt sich um eine bemerkenswert frühe Dezentrierung europäischer Epistemologie.

Es wäre daher interessant, diese Überlegungen noch weiterzuführen und die außereuropäischen Einflüsse auf die hellenistischen Philosophien noch deutlicher zu akzentuieren, sodass ein sehr viel weiter ausgreifendes Netz an epistemischen Konstellationen sichtbar werden könnte. Schließlich ist griechisch-indischer Kulturkontakt seit den Feldzügen Alexanders des Großen keine Seltenheit: Zahlreiche Statuen, Münzen, Tempelarchitekturen und Stadtanlagen im heutigen Pakistan beziehungsweise Afghanistan verweisen auf die vielfältigen Kontakte, die vor allem seit der griechisch-baktrischen Reichsgründung bestanden. Von den Reisen griechischer Philosophen und den Begegnungen zwischen griechischen und indischen Weisen berichten un-

35 Foucault (1984), Technologien des Selbst, S. 973.

ter anderem Biografien, wie sie Diogenes Laertios verfasst hat.[36] Der Skeptiker Pyrrhon von Elis etwa soll Alexander den Großen begleitet und sich mit indischen Philosophen, den sogenannten Gymnosophisten, ausgetauscht haben.[37] Zeitgenössische Theorien und Praktiken der „Achtsamkeit" jedenfalls berufen sich mit Recht auf beide Traditionen.[38] Mit Foucault argumentiert, würde man in die hellenistischen Epistemen dann auch außereuropäische Traditionen, etwa aus Indien, einschließen:

> „Im Hellenismus und in der Kaiserzeit wurde der sokratische Begriff der Sorge um sich selbst zu einem weit verbreiteten, universellen philosophischen Thema. Epikur und seine Anhänger akzeptierten ihn, desgleichen die Kyniker und auch die Stoiker wie Seneca, Rufus und Galen. Die Phythagoräer achteten ganz allgemein auf die Vorstellung eines geordneten Lebens. Sorge um sich selbst war kein abstrakter Ratschlag, sondern eine vielfältige Tätigkeit, ein Netz von Verpflichtungen und Diensten gegenüber der Seele."[39]

Außerdem handelt es sich auch nicht um eine begrenzte Lehrzeit während der Jugend, sondern vielmehr um eine das ganze Leben ausfüllende Praxis, ein ständiges Training, das zur Lebensform wird. Anders als bei Platon und Sokrates ist sie nicht mehr ein Erziehungsprinzip, das den Einzelnen wesentlich als soziales und politisches Subjekt konstituiert, sondern eine Praxis, die ihren Zweck in sich selbst findet. Foucault spricht in diesem Zusammenhang einmal von der „Autofinalisierung" der Selbstsorge im Hellenismus.[40] Dazu Foucault:

---

36 Miroslav Marcovich/Hans Gärtner (Hrsg.) (1999/2002), Diogenis Laertii vitae philosophorum, 3 Bände, Berlin: De Gruyter.

37 Christopher I. Beckwith (2015), Greek Buddha: Pyrrho's Encounter with Early Buddhism in Central Asia, Princeton/Oxford: Princeton University Press; Irmgard Männlein-Robert (2009), Griechische Philosophen in Indien? Reisewege zur Weisheit, in: Gymnasium 116, S. 331–357.

38 Halko Weiss/Michael E. Harrer (2010), Achtsamkeit in der Psychotherapie. Verändern durch „Nicht-Verändern-Wollen" – ein Paradigmenwechsel?, in: Psychotherapeutenjournal 9/1, S. 14–24.

39 Foucault (1984), Technologien des Selbst, S. 977.

40 Foucault (1985), Freiheit und Selbstsorge, S. 44.

> „Der erste epikureische Text, der als Handbuch der Moral diente, war der *Brief an Menoikeus*. Epikur schreibt, es sei niemals zu früh und niemals zu spät, sich mit der eigenen Seele zu beschäftigen. Man solle philosophieren, wenn man jung ist, und auch, wenn man alt ist. Dies sei eine Aufgabe, der man sich sein Leben lang widmen müsse. Die Lehren der alltäglichen Lebensführung waren um die Sorge um sich selbst organisiert und sollten jedem Mitglied der Gruppe bei der gemeinsamen Suche nach dem Heil helfen."[41]

Parrhesia steht in der gleichen epikureischen Tradition psychagogischer Methoden der Seelenleitung: „La parrhesia est [...] une pratique éthique qui conduit de façon variée [...] à la conquête de l'éducation morale, une téchnique qui, partant de la claire vision philosophique de ce qui est utile à la vie, peut être exercée par le sage éducateur épicurien à l'égard des jeunes gens."[42] Die *Parrhesia* zielt neben dem Aspekt individueller Selbstsorge auch auf die soziale Komponente des Miteinanders von Lehrer und Schüler im Kepos. Es handelt sich dabei nicht um die Erziehung zu einer politischen Rolle, gar einer Führungsrolle. Diese Vorstellungen widersprechen epikureischen Konzepten des guten Lebens diametral. Vielmehr ist das Ziel ein freundschaftliches Leben in kleinen Gemeinschaften. Die Ideen und Konzepte, die Philodem im Anschluss an Epikur dafür entwickelt, erinnern in manchen Aspekten an eine ähnliche Überlegung, wie sie Roland Barthes in seinen Vorlesungen zum „Vivre-Ensemble" und der Idiorrhythmie kleiner Gemeinschaften am Beispiel klösterlichen Lebens zu beschreiben versuchte. Auch hier spielt der Takt eine prominente Rolle. Barthes nennt es „délicatesse", „Zartgefühl", und meint:

> „Distanz und Rücksichtnahme, eine Beziehung ohne gewichtige Tiefe und dennoch von lebendiger Wärme. Ihr Grundsatz wäre: den anderen nicht lenken, nicht manipulieren, sich von Bildern (der einen, der

41 Foucault (1984), Technologien des Selbst, S. 971 f.

42 Marcello Gigante (1968), Philodème: Sur la liberté de la parole, in: Jean Scherer (Hrsg.), Actes du VIIIe congrès, Association Guillaume Budé, Paris: Société d'Édition Les Belles Lettres, S. 196–217, hier: S. 202.

> anderen) fernhalten, alles vermeiden, wovon sich das Imaginäre der Beziehung nähren könnte."[43]

Barthes bezeichnet es mit dem Begriff des antiken Hedonismus das „Souverain Bien", das höchste Gut, also die Ataraxie bzw. die Eudaimonie. Entscheidend – und auch hier ist er sich mit Foucault einig – ist die Abwesenheit von gewaltsamer Machtausübung: „Die Forderung nach einem eigenen Rhythmus richtet sich immer gegen die Macht."[44] „Liberté de parole", „Wahrsprechen", ist für Foucault eine Aufgabe, die der Philosoph, der Intellektuelle, öffentlich gegenüber politischer Macht ausübt, aber auch der Freund und Berater gegenüber einem Nahestehenden zu beherrschen hat. Seine Kenntnis befähigt und sein moralisch-politisches Verantwortungsgefühl zwingt den Philosophen dazu, dem Herrscher gegenüber Stellung zu beziehen und – auch unter Lebensgefahr – Kritik zu üben. Der Freund ist im Kontext der Selbstsorgepraxis der „Andere", der seine Tugenden aus dem Wahrsprechen bezieht.

> „Das Wahrsprechen des anderen als essentielles Element des Regierens, das auf uns wirkt, ist eine der unbedingt notwendigen Bedingungen, damit wir die adäquate Beziehung zu uns selbst bilden und umgestalten können. Dies bringt uns Tugend und Glück."[45]

Das Ziel des Wahrsprechens in diesem Kontext ist also nicht nur das Engagement für das Gemeinwohl, sondern auch das Ethos und das Glück des Individuums. Damit avanciert das Wahrsprechen zu einer Selbstpraxis, die in der „Ästhetik seiner selbst"[46] mündet. In der Foucault'schen Wendung ist das Wahrsprechen als Technik des Selbst zu verstehen. Es handelt sich gewissermaßen um eine Technik, die kritische Nähe, also weder scharfe Selbstkritik noch

43 Roland Barthes (2007), Wie zusammen leben. Simulationen einiger alltäglicher Räume im Roman, Vorlesungen am Collège de France 1976–1977, herausgegeben von Éric Marty, übersetzt von Horst Brühmann, Frankfurt: Suhrkamp, S. 214 f.

44 Ebenda, S. 81.

45 Foucault (1984), Das Wahrsprechen des Anderen, S. 19.

46 Foucault (1996), Diskurs und Wahrheit, S. 175.

übertriebene Selbstverliebtheit als Praxis eines ausbalancierten Lebens erkennt und damit eine Theorie des Subjekts mit einer Ästhetik der Moral verbindet. Judith Butler weist ausführlich auf diesen Zusammenhang und dessen Bedeutung für die Auffassung von „Kritik“ oder auch „Post-Kritik“ hin:

> „Mit der Einführung des Begriffs ‚Existenzkünste‘ führt Foucault auch wieder ‚vorsätzliche und gewollte Praktiken‘ ein und hebt sie hervor, insbesondere ‚jene Praktiken, mit denen Menschen nicht nur Regeln ihres Verhaltens festlegen, sondern sich selber in ihrem besonderen Sein zu transformieren und aus ihrem Leben ein Werk zu machen suchen […]‘ Dieses Leben befolgt nicht einfach in der Weise moralische Vorschriften oder Normen, dass ein als schon geformt, als vorgefertigt betrachtetes Selbst sich in eine von der Regel vorgegebene Form einpasst. Vielmehr gestaltet sich das Selbst nach der Norm, bewohnt und verkörpert sie, aber *die Norm ist in diesem Sinne dem Prinzip der Selbstgestaltung nicht äußerlich.*“[47]

Eine solche Balance nennt sich Eudaimonia und sie ist die Voraussetzung für ein gutes Leben. Das gute Leben, Tugend und Glück, ist das Ergebnis von Askesis – nicht im christlichen Sinne von Kasteiung, Entbehrungen und Verboten, sondern vielmehr als Einübung in das, was einem guttut. Ziel ist keine harte Selbstdisziplin, sondern der Versuch, sich um der Freiheit willen von so vielen Dingen wie irgend möglich unabhängig zu machen: nicht nur von viel Essen und Trinken, viel Sex und viel Geld, sondern vor allem von viel Anerkennung, Statussymbolen, Marken, Labels, Likes und Lob. Das erfordert Mut und man muss dabei sich selbst gegenüber ebenso offen sein, wie man es als Parrhesiast gegenüber den Mächtigen ist.

Das Politische in der Gemeinschaft ist gebunden an persönliche Integrität und Ethos. Ethos ist keine Behauptung, sondern ein Lebensstil, der im Privaten wie im Öffentlichen der gleiche zu sein hat. Wer seinen Partner betrügt, taugt nicht zum Parrhesiasten. Wer keine Freundschaften im echten Sinne mutiger Vertrautheit pflegen kann, der kann auch seinen Vorgesetzten nicht die Stirn

47 Butler (2002), Was ist Kritik?, S. 254.

bieten. *Parrhesia* ist kein klares Konzept, das sich ohne Weiteres definieren lässt. Sie ist vielmehr eine echte Herausforderung. Sie erinnert uns daran, dass es Wahrheit nicht gibt ohne Integrität, Autorität nicht ohne Mut und ein gutes Leben nicht ohne Ethos. *Parrhesia* ist nichts für Zyniker, Moralisten, Schmeichler und Eitle.

Jede Behörde, jeder Gemeinderat, jede Universität kann sich glücklich schätzen, einen dieser seltenen Parrhesiasten in den eigenen Reihen – gehabt – zu haben.

Die Demokratie zum Sprechen bringen

Kommunikationstheoretische Elemente im Demokratieverständnis von Alexander Thumfart

von Kai Hafez

Alexander Thumfart war über viele Jahre Dozent und Professor für Politische Theorie an der Staatswissenschaftlichen Fakultät der Universität Erfurt. Er war promovierter Philosoph und habilitierter Politologe. Thumfart hat in vielen Zusammenhängen wissenschaftliche Beiträge publiziert und Reden gehalten, in denen er die Notwendigkeit eines Dialogs betonte, den er für einen zentralen Baustein der Demokratie hielt. Insofern empfinde ich es als Politologe und Kommunikationswissenschaftler als reizvolle Aufgabe, Thumfarts schlummernde Passion für Fragen der Kommunikation aus seinem Werk herauszuarbeiten. Aus meiner Sicht entwickelte sich Thumfart in seiner Arbeit nicht nur von der Philosophie zur Politologie, sondern sein politisches Denken verlagerte sich im Laufe der Jahrzehnte immer stärker von einer eher klassisch institutionalistischen Prägung hin zu radikal-demokratischen und zivilgesellschaftlichen Vorstellungen, deren Vehikel – und dies ist der entscheidende Punkt – die Konzepte der Öffentlichkeit, der Sprache und des Dialogs waren.

Auslösend für diesen Wandel war Thumfarts Diagnose einer sich zuspitzenden Repräsentationskrise im deutschen politischen System, die er bereits Mitte der 1990er Jahre stellte. Es ist wohl nicht übertrieben zu behaupten, dass es die deutsch-deutsche Situation war, die mit dem Begriff der „Wiedervereinigung" nur unzureichend beschrieben wird, die den Politologen Alexander Thumfart in die Arme des kommunikativen Paradigmas trieb.

Dabei war sein Interesse an Sprache und Symbolik schon Gegenstand seiner Doktorarbeit zu Picco della Mirandola – aber seine Arbeiten zur Renaissance klammere ich hier aus und beschränke mich auf seine Gegenwartsdiagnosen. Zwar könnte man argumentieren, dass Thumfart einfach, wie viele von uns, im

Laufe seiner Arbeitsjahre dazu neigte, interdisziplinäre Schnittfelder zwischen den gelernten Fächern zu bilden. Wie ich aber zu zeigen versuche, war sein Interesse an Kommunikation weniger sprachphilosophischer als vielmehr demokratietheoretischer Natur: es ging um das Sprechen als einen sozialen und politischen Akt und nicht so sehr um Sprache an sich.

Thumfarts Schriften zeigen aus meiner Sicht, dass er in den letzten Jahrzehnten versuchte, seine ursprüngliche republikanische Grundhaltung – das Bekenntnis zur liberalen Demokratie mit ihren rechtlichen Regelungen der repräsentativen Demokratie – mit einem wachsenden Partizipationsbedarf in Einklang zu bringen, der formal in diesem System nur schwer zu verankern ist. Ein altes Problem: wie bekomme ich möglichst viel *direkte* Demokratie in die *repräsentative* Demokratie ohne letztere zu destabilisieren? Er hätte vermutlich geantwortet: Indem ich die existierende Demokratie in ihren Möglichkeiten der Teilhabe ernstnehme und sie zum Sprechen bringe.

Legitimität

Im Jahr 2009 veröffentlichte Thumfart einen Text zum Staatsverständnis von Jürgen Habermas, der aus meiner Sicht zentral für sein kommunikationsbezogenes Denken war.[1] Er positionierte sich hier eindeutig und klar als Anhänger der deliberativen Demokratiekonzeption.[2] Im Kern basiert deren Vorstellung auf der Erkenntnis, dass Wahlen allein keine hinreichende Legitimität für eine Demokratie schaffen, da die Wahlzyklen viel zu lang währen. Bei Habermas und anderen Theoretikern wie Bernhard Peters, auf den Habermas sich vielfach beruft, ist Legitimität in hohem Maße das Resultat der Fähigkeit der politischen Repräsentanten, mit dem Souverän – der Bevölkerung – im Gespräch zu bleiben. Ohne dieses Gespräch, ohne diesen Austausch und allein auf der Basis

1 Alexander Thumfart (2009), Staat, Integration und Solidarität. Dynamische Grundbegriffe im Staatsverständnis von Jürgen Habermas, in: Gary S. Schaal (Hrsg.), Staatsverständnis von Jürgen Habermas, Baden-Baden: Nomos, S. 81–108.

2 Jürgen Habermas (1990), Strukturwandel der Öffentlichkeit, Frankfurt: Suhrkamp (Orig. 1962); ders. (1992), Faktizität und Geltung, Frankfurt: Suhrkamp; ders. (1995), Theorie des kommunikativen Handelns, 2 Bde., Frankfurt: Suhrkamp (4., durchges. Aufl.).

der Gewalten der Legislative, Exekutive und Judikative kann die Demokratie nicht stabil bleiben. Zur Zeit von John Miltons Streitschrift „Areopagitica" (1644), die sich gegen die Zensur wendete, war es geradezu verboten, die Öffentlichkeit über den Inhalt der Parlamentsdebatten zu informieren, da man befürchtete, die Menschen könnten durch die Konflikte desorientiert werden. Heute ist Publizität in diesem Bereich Standard, Parlamentsdebatten werden im Fernsehen übertragen.

Doch Thumfart betrachtete es mit Habermas als erforderlich, dass die Öffentlichkeit „aus dem Parlament in die Arenen der bürgerlichen Öffentlichkeit ausziehen" müsse.[3] Es ging ihm also um eine Verbindung von parlamentarischer und außerparlamentarischer Öffentlichkeit. Und hier wird es schwierig – ja wie denn das genau? Politiker und Politikerinnen sollten aus Thumfarts Sicht in der deliberativen Demokratie die Debatten, die in den öffentlichen Arenen der Medien und den intermediären Systemen der Interessenvertretungen existieren, verfolgen, die dort formulierten Probleme herausdestillierten und einer Lösung zuführen. Auf diese Weise würde der Volkssouverän viel besser zum Zuge kommen als im herkömmlichen Modell der Wahldemokratie.

Diese erweiterte Demokratievorstellung war für Thumfart zentral. In der Geschichte der Öffentlichkeitstheorie lassen sich grob drei Richtungen ausmachen, die auch historischen Phasen zugeordnet werden können. Eine frühe elitentheoretische Haltung geht im Wesentlichen davon aus, dass die Bevölkerung durch gewählte Eliten informiert werden soll; der Kommunikationsfluss ist also einseitig top-down und diese Haltung prägte weite Teile der westlichen Demokratieentwicklung bis zur Mitte des 20. Jahrhunderts. Eine zweite Schule, zu der unter anderem Ernst Fraenkel gehört, lässt sich als pluralismustheoretisch bezeichnen und wollte vor allem seit Ende des Zweiten Weltkrieges Massenorganisationen wie Parteien und Gewerkschaften stärker in die öffentliche Debatte einbeziehen. Die dritte Richtung von Habermas und anderen ging spätestens seit den 1960er Jahren aber über diese Setzung hinaus, indem sie die Inklusion der gesamten Zivilgesellschaft in die Öffentlichkeit in den Blick nahm. Es ist diese weitgehende und nachgerade radikale Vision einer kommunikativen Vernetzung *aller Menschen* mit der Politik, die

3 Thumfart (2009), Staat, Integration und Solidarität, S. 83.

Thumfarts Denken ganz eindeutig prägte: nicht nur Meinungsfreiheit, sondern auch Teilhabe an Öffentlichkeit nicht als eingeschränktes Privileg, sondern als Jedermannsrecht. Ob er die in der Kommunikationswissenschaft berühmte Kontroverse zwischen dem Elitentheoretiker Walter Lippmann und dem pragmatischen Philosophen John Dewey in diesem Zusammenhang kannte, weiß ich nicht – er hätte sie jedenfalls faszinierend gefunden.

In einem Aufsatz von 2006 über „Diskurs und Empathie: Denkstile und Idealtypen der Staatsbegründung“ schlug Thumfart den großen Theoriebogen. An Aristoteles kritisierte er, dass dieser zwar Sprache als wichtig und originär menschlich betrachtete, aber kein auf Sprache beruhendes Beratungsmodell für seine Staatstheorie entwickelte.[4] Aristoteles war bekanntlich ebensowenig wie Platon ein Freund der Demokratie, die er als leicht erregbare und irrationale Herrschaftsform eines letztlich kleinen freien Teils der männlichen Bürger ablehnte. Die von ihm präferierte Herrschaft der von ihm so benannten *politeia* war eine Mischform verschiedener Herrschaftstypen der Monarchie, Aristokratie und Demokratie, wobei im Kern eine Oligarchie der Oberschicht zum Wohle aller herrschte. Wie dieses Wohl durch Beratung ermittelt werden konnte, wurde nicht genau beschrieben.[5]

Thumfart weist darauf hin, dass erst der Florentiner Kanzler Leonardo Bruni im 15. Jahrhundert eine auf Aristoteles Beratungsidee aufbauende Vision präsentierte, in der vielleicht erstmals in der europäischen Geschichte Sprechen, Beratung und Demokratie kausal verknüpft wurden. Zitat Thumfart über Bruni:

> „Weil Politik Beratung ist, müssen alle Bürger gleichermaßen (*pariter*) und angstfrei daran beteiligt sein, und weil Politik Beratung ist, kann

4 Alexander Thumfart (2006), Diskurs und Empathie: Denkstile und Idealtypen der Staatsbegründung, in: Franz-Wilhelm Neumann (Hrsg.), Wandel des Sehens im Wandel der Ansichten. Studien zu Perzeption und Wahrnehmung, Zu Ehren von Hans-Wolfgang Schaller, Trier: WVT Wissenschaftlicher Verlag, S. 17–24; Aristoteles (1984), Politik, München: dtv (5. Aufl.).

5 Hier lässt sich hier durchaus eine kulturvergleichende Parallele zur Herrschaftsidee im islamischen Recht erkennen, in dem zwischen der Staatsgewalt (hukm) und der Beratung (schura) unterschieden wird, wobei je nach Rechtsschule unklar bleibt, wer an der Beratung teilhaben darf: nur wenige oder aber alle Muslime.

die Verfassung dieses bürgerlichen Sprechens nur die Demokratie sein. [...] In dieser Kopplung von Beratung und Demokratie steckt ein klassischer Republikanismus. [...] Die gleichberechtigte Teilhabe am Diskurs ist deshalb für jedes Mitglied unabweisbar, weil es in diesem Handeln immer auch um unser Menschsein geht."[6]

Zu einer anderen Leitfigur der Philosophie, Immanuel Kant, war Thumfart sehr freundlich, denn dessen Verknüpfung aus sittlichem Vernunft- und Ordnungsdenken mit der Idee der kollektiven Zustimmung – der einzelne ist ein Egoist, alle zusammen aber können vernünftigen Gesetzen zustimmen – bezeichnet er als „genialen" Kniff.[7] Dass es sich hierbei *de facto* nicht um eine demokratische und schon gar nicht eine auf demokratischer *Beratung* basierende Figur handelte, da Kant eher eine stille Zustimmung zu Entscheidungen des Monarchen vorschwebte und somit hier ein Rückschritt hinter Forderungen wie denen von Leonardo Bruni erkennbar wurde, übersah Thumfart höflich.

Es ist allerdings die kollektive Vernunftidee, die Thumfart an Kant faszinierte und die Habermas die Grundlage für die Vorstellung bietet, dass – Thumfart zitierte hier aus Habermas' Werk „Faktizität und Geltung" – der „Rechtsstaat ohne radikale Demokratie nicht zu haben und nicht zu halten" sei.[8] Politische Forderungen in das politische System *kommunikativ* „einzuspeisen", wie Thumfart formulierte, war eine sehr elegante Lösung des alten Grundkonflikts zwischen der Repräsentation durch wenige und dem Teilhabeinteresse vieler. Ohne an Carl Schmitt denken zu wollen, den Habermas vielfach kritisierte, liegt hier wohl irgendwo auch die Lösung für das Legalitäts-/Legitimitätsdilemma begraben: Bürger und Bürgerinnen reden mit, politische Entscheidungen treffen aber am Ende nur die gewählten Mandatsträger. Die Idee der radikalen Demokratie bedeutete im Sinne von Thumfart nicht eine Selbstermächtigung außerparlamentarischer Protestbewegungen ohne demokratisches Mehrheitsmandat, sondern den Einbezug *aller Bürgerinnen und Bürger* in die räsonierende Öffentlichkeit.

6 Thumfart (2006), Diskurs und Empathie, S. 19.

7 Ebenda, S. 20.

8 Ebenda, S. 21.

Innovation

Sehr elegant an Thumfarts Überlegungen ist auch die Betonung des Innovationscharakters von Öffentlichkeit. Es ging ihm nicht nur um die Kontrolle der drei Gewalten durch eine vierte, sondern, wie er das nannte, um Öffentlichkeit und Meinungsfreiheit als „Produktivkraft kommunikativer Freiheit".[9] Damit sprach er indirekt ein Problem an, das in der Kommunikationswissenschaft als Verschiebung von der industriellen Gesellschaft in die Wissensgesellschaft beschrieben wird.[10] Soziale Prozesse wie die Zunahme an höheren Bildungsabschlüssen ebenso wie technologische Entwicklungen im post-fordistischen Dienstleistungskapitalismus haben demnach in den Industriestaaten dazu geführt, dass die Problemlösungskompetenz für viele Fragen – Umwelt, Digitalisierung usw. – heute teilweise weniger bei den politischen Eliten als in der innovativen Zivilgesellschaft zu suchen ist.

Es ist in diesem Zusammenhang wohl kein Zufall, dass im Deutschen Bundestag heute überwiegend Juristen und Juristinnen und damit Menschen mit einer eher formalen Umsetzungskompetenz sitzen, die immer stärker auf externe Beratung angewiesen sind. Thumfart hat erkannt, dass moderne Politik daher auf komplexen Informationsnetzen basieren muss, wenn sie erfolgreich sein will. Die Demokratie war insofern für ihn kein rein normatives Unterfangen, sondern ein funktionales Erfordernis moderner Wissensgesellschaften.

Liquidität

Es stellt sich allerdings die Frage, wie man dieses anspruchsvolle Programm der Öffentlichkeit organisieren kann. Thumfart benutzte in diesem Zusammenhang gerne die Begrifflichkeit der Liquidität. Er sprach 2009 etwa von

9 Thumfart (2009), Staat, Integration und Solidarität, S. 87.

10 Hans-Dieter Kübler (2005), Mythos Wissensgesellschaft. Gesellschaftlicher Wandel zwischen Information, Medien und Wissen: Eine Einführung, Wiesbaden: VS Verlag für Sozialwissenschaften.

„kommunikativ verflüssigter Volkssouveränität",[11] was an das Konzept der Liquid Democracy der Piratenpartei erinnert, wonach alle Mitglieder der Partei ständig – auch digital – in Aushandlungs- und Entscheidungsprozesse eingebunden werden. Thumfart wurde an dieser Stelle nicht sehr konkret. Das Scheitern der Piraten an den eigenen hoch gesteckten Zielen hat er nicht analysiert. Auch die zur Kakophonie neigende Beteiligung von Bürgerinnen und Bürgern an öffentlichen Debatten durch vermeintlich „soziale" Medien und deren erkennbar vermachtete Strukturen sind bis heute ein ungelöstes Problem radikaler Beteiligungskonzepte.

Mit den diversen Herausforderungen des „Strukturwandels der Öffentlichkeit", wie Habermas dies nennt, setzte sich Thumfart aus meiner Sicht nicht auseinander. Jürgen Gerhards und Friedhelm Neidhardt beispielsweise haben in einem klassischen Modell drei Ebenen von Öffentlichkeit unterschieden – private Encounter, Versammlungs- und Medienkommunikation –, die miteinander verbunden sein müssen, um eine effiziente Öffentlichkeit zu gestalten.[12] Habermas selbst spricht vom Zentrum-Peripherie-Problem der Öffentlichkeit.[13] Für all diese Theoretiker ist der im Nationalstaat zu organisierende politische Diskurs eben kein interpersonaler Dialog, sondern die effektive Vernetzung zahlreicher Menschen im modernen nationalen Flächenstaat durch Medien- und Versammlungsöffentlichkeiten birgt aus ihrer Sicht zahlreiche Herausforderungen.

Thumfart blieb bei der Analyse von Öffentlichkeit ein politischer Philosoph. Die empirische Kommunikationsforschung eines Manuel Castells, dessen Werk er in einem Theorieband beschrieb,[14] betrachtete er, wie vielleicht die gesamte empirische Kommunikationsforschung, als „melancholische"[15] Wissenschaft, die oft eher die Grenzen als die Chancen aktueller Kommuni-

11 Thumfart (2009), Staat, Integration und Solidarität, S. 87

12 Jürgen Gerhards/Friedhelm Neidhardt (1990), Strukturen und Funktionen moderner Öffentlichkeit. Fragestellungen und Ansätze, Berlin: Wissenschaftszentrum Berlin für Sozialforschung.

13 Vgl. Kap VIII/II, in: Habermas (1992), Faktizität und Geltung.

14 Alexander Thumfart (2004), Artikel zu Manuel Castells, in: Giesela Riescher (Hrsg.), Politische Theorien der Gegenwart, Stuttgart: Kröner, S. 85–88.

15 Thumfart (2009), Staat, Integration und Solidarität, S. 95.

kationstrends betonte. Beim Konzept der Weltöffentlichkeit nimmt Thumfart kurz Bezug auf meine Arbeit zum Mythos der Medienglobalisierung.[16] Thumfart war wohl bewusst, das Weltöffentlichkeit heute noch in weiten Teilen aus empirischer Sicht als dysfunktional beschrieben werden muss, weil nationale Medien und Diskurse viel zu beharrlich sind und nicht einmal eine europäische Öffentlichkeit wirklich Gestalt annimmt. Dennoch beharrte er wie ich darauf, dass solche zeitgenössischen Einschränkungen die grundsätzliche Einsicht in die Notwendigkeit einer partizipativen globalen Öffentlichkeit nicht widerlegten. Natürlich besteht die Gefahr, dass die deliberative Demokratie auf diese Weise zu einer rein normativen Theorie und zu einer uneingelösten Utopie wird. Aber genau hier lag die Qualität von Thumfart: die Welt braucht Utopien, und er hat sie mitformuliert.

Repräsentationskrise

In den 2000er Jahren zeigte Thumfart einen neuen Mut zur Utopie. In einem älteren Text, den Thumfart 1995 mit seinem früheren Chef Arno Waschkuhn veröffentlichte, zeigte sich noch, dass er keineswegs immer ein Fan von Öffentlichkeit gewesen war.[17] Habermas' Konsens-Regel bezeichneten die beiden damals als praxisuntauglich: „Das Räsonieren hat bei Habermas überhaupt keine Verkettung zum Handeln."[18] Ohne Waschkuhn und ein Jahrzehnt später klang das alles dann viel positiver. Öffentlichkeit sollte nach Thumfart nicht handeln, aber sie sollte sich informiert zeigen und sich einmischen. Die kulturelle Praxis bewertete Thumfart jetzt höher als den legalistischen Ast der Politikwissenschaft. Man kann bei Thumfart also von einer im Laufe der Jahre fortschreitenden Entdeckung der kommunikativen Welt sprechen.

16 Kai Hafez (2005), Mythos Globalisierung. Warum die Medien nicht grenzenlos sind, Wiesbaden: VS Verlag für Sozialwissenschaften.

17 Alexander Thumfart/Arno Waschkuhn (1995), Die Zivilgesellschaft als Substrat und Surrogat der deliberativen Demokratieauffassung von Jürgen Habermas, in: perspektiven ds 3, S. 197–207.

18 Ebenda, S. 205.

Trotz der anfänglichen Skepsis gegenüber Öffentlichkeit lässt sich in Thumfarts Schriften bereits ab Mitte der 1990er Jahre noch eine andere Entwicklung erkennen, die sich in einem Text von 1997 andeutet, der mit „Krise der Repräsentation" überschrieben ist.[19] Thumfart machte sich hier Gedanken über erodierende Demokratiebindungen, Politikverdrossenheit und auch schon – recht früh – über Rechtextremismus und die besorgniserregenden entsprechenden Motivverschränkungen mit dem konservativen Lager (in der Rassismusforschung bezeichnen wir das heute als „Brückendiskurse"). Thumfarts geliebter Republikanismus schien in die Krise zu geraten. Das post-moderne Abnehmen von Parteiidentifikationen[20] und die nachlassende Bedeutung von Institutionen wie Parlamenten und Gewerkschaften waren Warnzeichen.

Ich denke, dass es dieses Krisenempfinden war, das ihn zu einem Umdenken und zu einer Flexibilisierung seiner politologischen Ansätze veranlaßt hat, so dass er am Ende eben doch bei Habermas und vielleicht sogar darüber hinaus beim dialogischen Kommunitarismus landete – jedenfalls weit entfernt vom Individualismus und den elitären sozialen Vorstellungen des klassischen Liberalismus.

Sprache

Dennoch stand er, wie gesagt in den 1990er Jahren der deliberativen Demokratie noch eher skeptisch gegenüber. Die Krisendiagnose war bereits vorhanden, die Lösung aber noch nicht gefunden. Eine Brücke zur Kommunikation baute er sich aber bereits in der Mitte der 1990er Jahre in der Rückwendung zu einer sprachphilosophischen Reflexion über die Rolle von Sprache in der Politikwissenschaft, die auch schon in der Dissertation zu Picco della Mira-

19 Alexander Thumfart (1997), Zirkulation: Versuch, die philosophische „Krise der Repräsentation" in den politischen Diskurs einzuführen, in: Zeitschrift für Politik 2, S. 184–207.

20 Russel J. Dalton/Ian McAllister/Martin P. Wattenberg (2000), The Consequences of Partisan Dealignment, in: Russell J. Dalton/Martin P. Wattenberg (Hrsg.), Parties without Partisans: Political Change in Advanced Industrial Democracies, Oxford: Oxford University Press, S. 37–63.

dola erfolgte.[21] Er beklagte die Vernachlässigung von Rhetorik und Sprache und er war – wie zeitgleich am Institut für Politikwissenschaft der Universität Hamburg auch ich – an der konstruktivistischen Wende des Fachs beteiligt. Die Grundidee war und ist, dass die Gegenstände und Begrifflichkeiten der politikwissenschaftlichen Forschung – politische Interessen, Macht, selbst Sozialkapital und Gerechtigkeitsentwürfe – oft nicht das sind, wie sie zu sein scheinen. Perzeptionen spielen eine Rolle, Konflikte sind verhandelbar. Die realistische Schule der Politikwissenschaft stammte hingegen aus der Ära der intransparenten Elitendemokratie.

Ich verstehe Thumfart so, dass er sich im Kern fragte, ob die Politikwissenschaft nicht neben der Macht- und Ökonomieanalyse ein drittes Standbein der politischen Kommunikationsforschung brauchte. Einige Zitate von Thumfart hierzu: „In der Sprache überlappen, verzahnen und vernetzen sich ‚Individuum' und politische Institutionen integrativ"[22] oder: „Sprache erzeugt in einem einzigen Prozess spezifisch neue Gedankenkomplexe, eine neue Sicht der ‚Welt' und der Institution des Staates."[23] Die Frage war also, ob nicht Kommunikation als dritte, eigenständige Ressource zu Herrschaft und Kapital hinzugedacht werden müsste. Heute erscheint dies nachgerade selbstverständlich. In den 1990er Jahren allerdings wurde über die Grenzen der Politologie als Fach gestritten.

Niklas Luhmanns Ansatz, wonach Sprache kein genuin schöpferischer Akt (also ein System), sondern ein Medium (zwischen den Systemen) sei,[24] verwirft Thumfart – ich habe nicht ganz genau verstanden, warum, denn mir schien das immer logisch zu sein. Aber vielleicht dachte Thumfart an weiterführende Ideen der Denkprägung durch Sprache (Sapir-Whorf-Hypothese, Wittgenstein usw.). Er begründete seine Zurückweisung Luhmanns mit David Hume,

---

21 Alexander Thumfart (1994), Rhetorische Sprache: Ein Kriterium zur Differenzierung von politischen und sozialen/soziologischen Institutionenbegriffen, in: Gerhard Göhler (Hrsg.), Die Eigenart der Institutionen. Zum Profil politischer Institutionentheorie, Baden-Baden: Nomos, S. 221–237.

22 Ebenda, S. 226.

23 Ebenda, S. 230.

24 Niklas Luhmann (2017), Die Realität der Massenmedien, Wiesbaden: Springer VS (5. Aufl.).

den er allerdings seinerseits für die Degradierung der Sprache zum Medium kritisierte.

Dialogizität

Über die Passage mit Luhmann bin ich wohl deswegen gestolpert, weil ich sehr wohl den Eindruck habe, dass bei Thumfart die Sprache nicht so sehr eine erkenntnistheoretische Folie als vielmehr eine Metapher für das Sprechen war.[25] Also Sprache doch als Medium? Die psychologische und sinnschaffende Dimension stand zumindest in den letzten Jahrzehnten weniger im Vordergrund als die soziale Brückenfunktion der Sprache. Seine 2002 veröffentlichte Habilitation „Die politische Integration Ostdeutschlands" mündete nach mehr als 800 Seiten in der Aufforderung zu mehr Responsivität und Bügernähe, nicht zuletzt was ostdeutsche Belange anging. Politiker und Politikerinnen sollten sich an den „Wünschen, Forderungen, Bedürfnissen, Hoffnungen und Sorgen der Repräsentierten orientieren und insofern für den Problemhaushalt der Nichteliten aufgeschlossen" sein.[26] In dieser Zeit, in der sich Thumfart auch selbst aktiv in die Lokalpolitik stürzte, war mit Responsivität vor allem die direkte Interaktion mit Bürgerinnen und Bürgern gemeint, die in den Prozess der andauernden Transformation eingespeist werden sollten, um neue Einsichten und neues Vertrauen zu schaffen.

In einem sehr schönen Redetext von 2015 betrachtet er das Sprechen als einen sozialen Tauschakt. In der Redewendung „Wir tauschen uns aus" zeigte sich aus meiner Sicht in genialer Weise, worum es im Dialog geht: Ideen von dem anderen zu empfangen und damit wohl auch sich selbst – seine eigene Ideenwelt – auszutauschen. Der Dialog verändert, er verändert auch mich selbst, er ist deshalb eine Herausforderung, vielleicht sogar gefährlich. Er ist einerseits fundamental für menschliche Gemeinwesen, aber immer auch ein

25 Alexander Thumfart (2015), Schweigen/Verschweigen, in: Annegret Schüle/Solveig Negelen/Manuel Leppert/Peter Wurschi (Hrsg.), Schweigen oder Sprechen: Wie wir mit Geschichte Umgehen, Weimar/Erfurt: Stiftung Ettersberg et al., S. 44–50.

26 Alexander Thumfart (2002), Die politische Integration Ostdeutschlands (Habilitation), Frankfurt: Suhrkamp, S. 877.

Risiko, bis hin zum Gesichtsverlust: The King's Speech, der König der stottert. Es braucht Mut, wie Thumfart bemerkte, um gegen den Gruppenkonsens und die Konsensfiktionen anzusprechen. Aber nur durch den Dialog kommt der Mensch aus Thumfarts Sicht über seine Rolle als Zwischen-Wesen hinaus: Wir können uns nicht allein selbst gestalten, sondern nur im Austausch mit anderen.

Diskursethik

Schön ist auch der Schluss des Textes: den Individualismus als Himmel des Liberalismus bezeichnete er als seine persönliche Hölle. Gewisse Tendenzen zum Kommunitarismus sind beim späteren Thumfart durchaus erkennbar, wobei er den Gemeinschaftsbegriff nie verwendete und auch den Begriff der Authentizität als Falle betrachtete: Identität als falsche Festlegung. Kommunitarismus, Global Governance und Global Justice boten aber aus seiner Sicht „nach kritischer Prüfung ein besseres Verständnis einer sich offensichtlich ja ständig verändernden politischen Wirklichkeit".[27] Deswegen plädierte Thumfart auch für die Öffnung und Anschlussfähigkeit der Politikwissenschaft in Richtung anderer Fächer. Die Politikwissenschaft selbst, so seine Befürchtung, würde aus sich heraus keine hinreichenden Antworten auf die Krise der Repräsentation finden.

Trotz aller Offenheit aber war Thumfart bis zum Ende kein Kommunitarist, sondern er blieb ein dem Liberalismus gegenüber skeptischer Republikanist.[28] Mit Charles Taylor, der dem Kommunitarismus zuneigt und sich mit Habermas über Differenz und Universalismus stritt, hat Thumfart sich beschäftigt, blieb aber doch skeptisch, wohl aus Angst vor Gefährdungen des universellen

27 Alexander Thumfart (2008), Anschlussfähigkeit: Zur Bestimmung politikwissenschaftlichen Denkens, in: Michael Strübel (Hrsg.), Politische Theorie und Staatswissenschaften, Berlin: de Gruyter, S. 105–124, hier: 118.

28 Alexander Thumfart (2006), Niemandes Willkür unterworfen sein: Eine politische Theorie des Republikanismus, in: Arno Schwerzberg (Hrsg.), 10 Jahre Staatswissenschaftliche Fakultät, Erfurter Beiträge zu den Staatswissenschaften 9, Berlin-Boston: de Gruyter, S. 205–217.

Rechtsstaats.[29] Dieser aber sollte sich aus seiner Sicht den Problemen der Fehlrepräsentation und der sozialen Marginalisierung stellen. Es ging ihm wohl um das, was man als Diskurs- oder Dialoggemeinschaft bezeichnet hat: um die verstärkte Bedeutung von Interaktion und Öffentlichkeit, um Legitimität, verflüssigte Volkssouveränität, um eine Beratung der Politik ohne eigentliches Mandat auf Seiten der Beratenden und ohne Gefährdung der Institutionen.

Dass hier auch Probleme liegen können, hat er sicher geahnt, aber nicht zu Ende dekliniert. Zu gerne hätte ich eine Diskussion zwischen Thumfart und Thomas Meyer, Politikwissenschaftler der TU Dortmund, erlebt, der in seiner pessimistischen Abhandlung über die „Mediokratie" eben jene Erosion der Institutionen durch die wachsende Macht der Medien kritisiert, die sich mehr und mehr der Logik des Boulevards und des Politainment beugen und sich dabei selbst verzwergen:[30] Politik statt auf Basis von Ideologie und Programmatik auf der Grundlage von hektischen Presseerklärungen, Talkshoweinlagen und Twitter-Gezwitscher.

Außerdem könnte man einwenden: Eine zu starke auf kommunikative Toleranz gepolte Demokratievorstellung wäre libertär und antirepublikanisch. Eine unkritischer Umgang mit dem Konzept des Dialogs würde ja auch bedeuten, dass Grundwerte zur Verhandlungsmasse würden und antidemokratische Haltungen (inkl. Faschismus, Nazismus, Rassismus, Sexismus) legitim wären – etwas, das Thumfart so nicht mitgetragen hätte, wo er doch mit mir und vielen anderen an dieser Universitär seinerzeit gegen den Kemmerich-Coup in Thüringen angekämpft hat.[31] Thumfart hat das so wohl nie ausgeführt, aber die diskursethische Vorstellung, dass Menschenrechte als *Voraussetzung* für

29 Alexander Thumfart (2004), Gerechtigkeit und Anerkennung, in: Hans-Helmuth Gander (Hrsg.), Anerkennung. Zu einer Kategorie gesellschaftlicher Praxis, Würzburg: Ergon, S. 157–167; vgl. a. Charles Taylor (1992), Multiculturalism and „The Politics of Recognition", Princeton, NJ: Princeton University Press.

30 Thomas Meyer (2001), Mediokratie. Die Kolonisierung der Politik durch die Medien, Frankfurt: Suhrkamp.

31 Erklärung von Wissenschaftler*innen und Lehrenden der Universität Erfurt zur Ministerpräsidentenwahl in Thüringen, https://ungleich-magazin.de/2020/02/17/erklarung-ministerprasidentenwahl-uni-erfurt/ (13. Februar 2020).

den Dialog und Anerkennung als *Voraussetzung* für die Diskursteilhabe und Öffentlichkeit nicht verhandelbar sind, hätte ihm sicher eingeleuchtet.

Er und ich standen gemeinsam am Fenster des Hörsaals, als vor Jahren Alexander Gauland von der AfD auf Einladung von drei Studierenden von Studierenden am Sprechen gehindert wurde. Sicher hinterließ dieses 68er-Feeling eine gewisse Beklemmung bei uns, aber am Ende haben wir verstanden, worum es den Studierenden ging. Man kann nicht um jeden Preis und jederzeit mit jedem reden wollen: mit Rassisten, die sogenannte Fremde nicht als Redepartner anerkennen wollen, zeitgleich aber auf ihre Meinungsfreiheitsrechte pochen, ebenso wenig wie mit gewaltsamen Eroberern, denn in solchen Konstellationen ist jeder Dialog ein Kompromiss gegen die Menschenrechte.

Am Ende lässt sich der Wille zum Dialog also konzeptuell nicht vollständig mit den Grundwerten des Republikanismus und der liberalen Demokratie versöhnen. Ein gewisser Spannungszustand bleibt, das wusste auch Thumfart, dessen Verdienst es gleichwohl ist, in zahlreichen Texten Grundfragen der politischen Kommunikation mitgedacht und mitgestaltet zu haben.

Fazit

Es zeigt sich nicht nur, wie wichtig Thumfart die Rolle von Kommunikation in der Demokratie war, wie brillant er Geschichte und Gegenwart in der politischen Philosophie zu verbinden vermochte, sondern auch, dass er in seinen Werken gewissermaßen weiterlebt. Natürlich würde ich mich trotz allem am liebsten persönlich mit ihm darüber austauschen, über das Sprechen sprechen, statt nur darüber zu lesen.

Nachhaltigkeit und Demokratie als Gegenstand der Hochschulbildung

von Bettina Hollstein

Alexander Thumfarts Leben war geprägt von unterschiedlichsten Funktionen als Hochschullehrer, Politiker, in vielfältigen sozialen, beruflichen und politischen Kontexten und durchzogen von unterschiedlichsten literarischen, philosophischen, historischen und sozialwissenschaftlichen Bildern, Deutungen und Erfahrungen – wie ein bunter Garten. In diesem Beitrag soll ein bestimmtes Beet seines Gartens betrachtet werden, das er ausdauernd und nachhaltig beackert hat, in der Erwartung, dass es zu gegebener Zeit Früchte trägt. Es handelt sich um sein Engagement an der Universität Erfurt im Studium Fundamentale „Nachhaltigkeit", im Innovationsnetzwerk Bildung für nachhaltige Entwicklung (InnoNet) und in der Initiative zur Entwicklung eines Studienangebots zu Demokratie und Nachhaltigkeit, an dem wir gemeinsam mit weiteren Akteurinnen und Akteuren beteiligt waren.

Im Folgenden möchte ich im ersten Abschnitt etwas zum Verständnis von Demokratie und Bildung unter Bezugnahme auf John Dewey sagen, dann wende ich mich im zweiten Abschnitt der Thematik der Nachhaltigkeit und Demokratie in der Hochschulbildung zu. Im dritten Teil werde ich als praktisches Beispiel auf ein Projekt verweisen, das ich mit Alexander Thumfart und weiteren Kolleginnen und Kollegen beantragt habe und das im Oktober 2022 vom Bundesministerium für Bildung und Forschung bewilligt wurde. Zum Schluss will ich einen kleinen Ausblick auf die Bedeutung und Zukunft des Themas Nachhaltigkeit in der Hochschulbildung wagen.

Demokratie und Bildung

Demokratie wird häufig in Anlehnung an Aristoteles als eine Form der Herrschaftsbeteiligung verstanden, wie Königtum, Aristokratie, Tyrannis, Oligarchie oder eben Demokratie. Die meisten Theorien und auch das Alltagsverständnis betrachten Demokratie oft schlicht als eine politische Organisationsform.

Wenn allerdings von demokratischen Werten die Rede ist oder von einem demokratischen Selbstverständnis, dann geht es eher um das Verständnis von Demokratie als Lebensform, die demnach nicht auf den Bereich des Politischen beschränkt ist, sondern in allen Bereichen des Lebens bedeutsam ist. Diese Vorstellung von Demokratie als Lebensform hat John Dewey, einer der bedeutendsten Vertreter des amerikanischen Pragmatismus (einer Sozialphilosophie, die Ende des 19. Jahrhunderts entstanden ist), besonders prominent gemacht und mit Fragen der Bildung verknüpft. Daher will ich an dieser Stelle seine Überlegungen kurz nachzeichnen.

Im Jahr 1916 veröffentlichte John Dewey das Buch „Democracy and Education", zu Deutsch „Demokratie und Erziehung", ein Buch, das auch noch nach über einhundert Jahren nach seinem Erscheinen von Relevanz ist. Eine der wesentlichen Innovationen in diesem Buch ist die Definition von Demokratie:

> „Die Demokratie ist mehr als eine Regierungsform; sie ist in erster Linie eine Form des Zusammenlebens, der gemeinsamen und miteinander geteilten Erfahrung. Die Vermehrung der Individuen, die an einer bestimmten Angelegenheit so interessiert sind, daß jeder sein Handeln zu dem der anderen in Beziehung zu setzen und umgekehrt das Handeln der anderen für sein Tun in Rechnung zu stellen hat, und die Vergrößerung des Raumes, über den sie verteilt sind, bedeutet den Niederbruch jener Schranken zwischen Klassen, Rassen und nationalen Gebieten, die es den Menschen unmöglich machten, die volle Tragweite ihrer Handlungen zu erkennen."[1]

1 John Dewey (1993 [1916]), Demokratie und Erziehung. Eine Einleitung in die philosophische Pädagogik, aus dem Amerikanischen von Erich Hylla, herausgegeben und mit einem Nachwort versehen von Jürgen Oelkers, Weinheim/Basel: Beltz, S. 121.

Wie man sieht, ist für Dewey Demokratie nicht einfach eine Regierungsform, sondern eine Form des Zusammenlebens. Damit ist Demokratie nicht die Angelegenheit einer politischen Elite („die da oben“), sondern alle Menschen in der Gesellschaft sind Akteurinnen und Akteure der Demokratie.

Zentral ist dabei für Dewey, dass Menschen sich in sozialen Situationen befinden und durch dieses Zusammenleben die Anliegen, Interessen, Ideale und Vorstellungen eines guten Lebens der anderen berücksichtigen müssen. Adam Smith hat für den Bereich des Ökonomischen schon gezeigt, dass Menschen die Interessen anderer berücksichtigen, um mit ihnen in einen ökonomischen Austausch zu treten (wir berücksichtigen das Interesse des Bäckers, seine Brötchen zu verkaufen). Dewey hat aber eine viel breitere Vision der sozialen Situiertheit. Sie berücksichtigt nicht nur die ökonomischen Interessen, sondern auch die sonstigen Erfahrungen, Gewohnheiten, Werte und Ideale der Menschen als Teil der gelebten Handlungsbedingungen, also als soziale Situation. Demokratie ist für Dewey ein Ideal, eingebettet in soziale Situationen. Für Pragmatisten ist eine Trennung von Ideal und Praxis, von Werten und Alltag und ähnliche Dichotomien nicht sinnvoll. Vielmehr sind Ideal und Praxis immer ineinander verwoben und bedingen sich wechselseitig. Demokratie als Ideal kann also nie völlig unabhängig von der sozialen Wirklichkeit gedacht werden, sondern ist immer auf diese bezogen und speist sich aus gelebten Erfahrungen.

Was sind nun Kriterien für die Demokratie? Laut Dewey sind hier zwei Elemente wichtig: Einerseits die Anerkennung wechselseitiger Interessen und Erfahrungen innerhalb von Gruppen durch Kommunikation.[2] Diesen Aspekt könnte man Gemeinwohlorientierung und Solidarität nennen. Ein zweites Element ist die Veränderung sozialer Gewohnheiten durch die Begegnung mit neuen Situationen und alternativen Perspektiven im Austausch mit anderen Gruppen. Diesen Punkt könnte man mit den Stichworten Veränderungsbereitschaft, Toleranz und Diversität fassen.

2 Leonard J. Waks (2017), Introduction to Part I, in: Leonard J. Waks/Andrea R. English (Hrsg.), John Dewey's Democracy and Education. A Centennial Handbook, New York: Cambridge University Press, S. 5–14, hier: S. 11, mit Bezug auf John Dewey (1916), Democracy and Education, The Middle Works: 1899–1924, herausgegeben von Jo Ann Boydston, Bd. 9, Carbondale and Edwardsville: Southern Illinois University Press, S. 93.

Wie verknüpft nun Dewey seine Vorstellung von Demokratie mit Bildung und Erziehung? Für Dewey ist Bildung gleichbedeutend damit, offener und mit der Welt verbundener zu sein, und genau das sind auch die Eigenschaften eines demokratischen Bürgers.[3] Mit der Welt in Austausch und in Beziehung zu treten, ist für Dewey immer mit Handeln in der Welt verbunden. Dieses praxisorientierte Handeln schafft für ihn die zentralen Lernerfahrungen, weshalb uns heute Dewey vor allem durch sein oft gehörtes Zitat „Learning by Doing"[4] bekannt ist. Daher möchte ich hier kurz auf Aspekte des Handelns eingehen, die in der pragmatistischen Handlungstheorie von Hans Joas im Anschluss an Dewey entwickelt wurden und für das Verständnis von Bildung und Demokratie von zentraler Bedeutung sind.

Ausgangspunkt der Joas'schen Handlungstheorie, die die *Kreativität des Handelns* in den Mittelpunkt stellt, ist die Kritik an rationalistischen Handlungstheorien.[5] Diese Kritik richtet sich gegen die hier vorgenommene Reduktion der Handlungsmotive auf zweckrational-utilitaristische Motive auf der einen Seite und normativ-wertbezogene auf der anderen. Dabei wird nicht die grundsätzliche Berechtigung dieser beiden Typen von Handlungstheorien bestritten, sondern lediglich die Annahme, dass sich die Handlungsmotive in den jeweils als dominant angenommenen Motiven erschöpfen würden. Zentral sind wie bei Dewey die *Erfahrungen* der Akteure und ihr *situationsbezogenes, problemorientiertes Handeln*. Es wird kein rationales Handeln im Sinne einer vorgegebenen Zweck- oder Zielorientierung vorausgesetzt, sondern vielmehr davon ausgegangen, dass sich Ziele und Zwecke im Handeln anpassen und kreativ verändern. Darüber hinaus berücksichtigt diese Handlungstheorie die Körperlichkeit, also das neudeutsche „Embodiment", und schließlich die Sozialität allen Handelns. Kritisiert werden somit die impliziten Annahmen rationaler Handlungstheorien, die als gegeben unterstellen, dass Handelnde

3 David T. Hansen (2017), Foreword, in: Leonard J. Waks/Andrea R. English (Hrsg.), John Dewey's Democracy and Education. A Centennial Handbook, New York: Cambridge University Press, S. XIX–XXII, hier: S. XX.

4 Dewey (1916), Democracy and Education.

5 Hans Joas (1996), Die Kreativität des Handelns, Frankfurt a. M.: Suhrkamp.

zum zielgerichteten Handeln fähig sind, ihren Körper beherrschen und gegenüber ihrer Umwelt autonom sind.[6]

Was bedeutet das nun für Demokratie und Bildung? Die Tatsache, dass wir uns nicht abstrakt irgendwelche Ziele oder Ideale (und seien es noch so wertvolle wie Toleranz, Demokratie, Menschenwürde usw.) setzen und dann danach handeln, sondern immer situativ in konkreten sozialen Situationen Demokratie leben und lernen, hatte ich oben bereits erwähnt. Für den Pragmatismus ist dabei charakteristisch, dass Handlungen immer einen Problembezug haben, das heißt, *praktische Probleme stehen am Beginn der Reflexion auf das Handeln.*

Der zweite Aspekt der Verkörperung des Handelns macht uns auf *Demokratie als Verkörperungskultur* aufmerksam, einen Begriff, den ich von Matthias Jung übernehme.[7] Darunter fasst er ein Demokratieverständnis,

> „das sich weniger auf Fragen des Verfassungsrechts, der politischen Partizipation etc. als vielmehr darauf richtet, wie das Verhältnis von demokratischen Idealen und praktischen Mitteln, materiellen Voraussetzungen usw. zu denken ist, und welche Implikationen dies für die Fragen nach dem Verhältnis von Wahlvolk und Eliten etc. hat. Eine demokratische Kultur soll also gedacht werden als Kultur der Verkörperung, des Embodiment: Zentral ist dabei die Frage, wo und wie sich die fundamentalen Werte moderner Demokratien, wie Freiheit, Menschenwürde, Partizipation, Pluralität etc. als handlungswirksam erweisen: in Interaktionsformen, in der materiellen Kultur, in sozialen Eliten und/oder alltäglichen Sinnmustern etc.“[8]

Diese Idee der Verkörperungskultur hat eine Wurzel in Wilhelm von Humboldts zentraler anthropologischer Einsicht, dass wir essentiell verkörperte

6 Vgl. dazu ausführlicher am Beispiel ehrenamtlichen Handelns: Bettina Hollstein (2015), Ehrenamt verstehen. Eine handlungstheoretische Analyse, Frankfurt a. M.: Campus.

7 Matthias Jung (o.D.), Demokratie als Verkörperungskultur (Vortrag), https://wp.uni-koblenz.de/mjung/vortrage/.

8 Ebenda, S. 2.

Wesen sind. Die Entfaltung des Geistes ist an leibliche Strukturen gebunden und findet nicht im luftleeren Raum statt. Humboldt formuliert dazu: „Die Selbstbildung kann nur an der Weltgestaltung fortgehen."[9] Diese Vorstellung steht in einer gewissen Spannung zum idealistischen Hintergrund von Humboldt, wie Jung aufzeigt. Daher stellt Deweys Werk eine überzeugende Alternative dar, die Bildung und Erziehung vom Verkörperungsgedanken her konzipiert.

Der dritte Aspekt, die *Sozialität des Handelns*, kann als normative Forderung interpretiert werden. Deweys Ausgangspunkt ist dabei „the ordinary experience of the common man", die ernst zu nehmen ist und demokratischer Partizipation zuzuführen ist.[10] Um dies zu gewährleisten, sind ideale und reale Diskurse erforderlich, in denen über Normen und die Lösung von Problemen gestritten werden kann. Darüber hinaus liefern öffentliche Diskurse die Grundlage für die Entwicklung von gerechtfertigten Prinzipien und Institutionen, die notwendig sind, um Demokratie praktisch werden zu lassen. Gemeinsame Erfahrungen im Tun sind dabei die Grundlage für die Entstehung gemeinsamer Wertvorstellungen – wie jener der Demokratie.

Nachhaltigkeit und Demokratie in der Hochschulbildung

Nach diesen allgemeinen Überlegungen zu Demokratie und Bildung will ich aufzeigen, was dies mit Nachhaltigkeit und Hochschulbildung zu tun hat. Ausgangspunkt ist dabei ein Verständnis von Nachhaltigkeit, das sowohl multiperspektivisch ist als auch normativ. Die Multiperspektivität kann man gut anhand der Darstellung der von den Vereinten Nationen im Jahr 2015 beschlossenen Nachhaltigkeitsziele im sogenannten „Hochzeitskuchen" sehen:

9 Wilhelm von Humboldt (1998 [1836]), Über die Verschiedenheit des menschlichen Sprachbaus und ihren Einfluß auf die geistige Entwicklung des Menschengeschlechts, herausgegeben von Donatella di Cesare, Paderborn et al.: Schöningh, S. 162.

10 Jung (o.D.), Demokratie als Verkörperungskultur, S. 8.

Nachhaltigkeitsziele der Vereinten Nationen

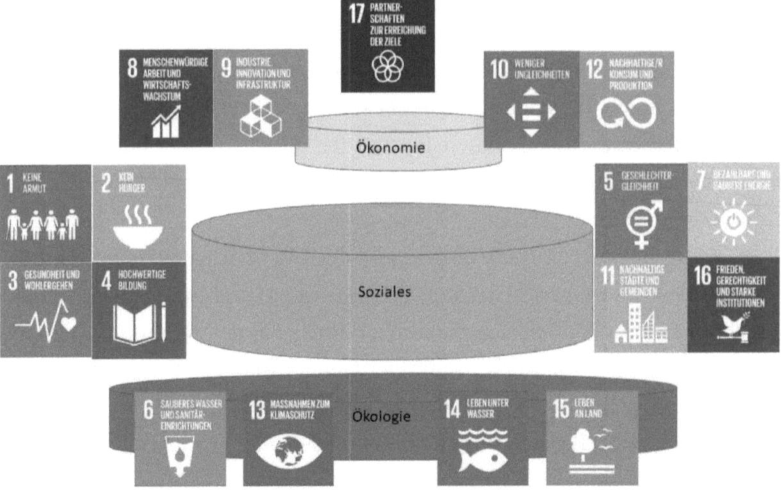

Quelle: Eigene Darstellung

Die Basis stellen die Ziele dar, die die ökologische Dimension in den Blick nehmen, nämlich folgende vier: 6. Sauberes Wasser und Sanitäreinrichtungen, 13. Maßnahmen zum Klimaschutz, 14. Leben unter Wasser, 15. Leben an Land. Diese Dimension der Erhaltung der natürlichen Ressourcen ist die notwendige Basis allen menschlichen Handelns. Die zweite Dimension ist die soziale, zu der folgende Ziele gehören: 1. Keine Armut, 2. Kein Hunger, 3. Gesundheit und Wohlergehen, 4. Hochwertige Bildung, 5. Geschlechtergerechtigkeit, 7. Bezahlbare und saubere Energie, 11. Nachhaltige Städte und Gemeinden, 16. Frieden, Gerechtigkeit und starke Institutionen. Schließlich wird auch die ökonomische Dimension der Nachhaltigkeit angesprochen mit den Zielen: 8. Menschenwürdige Arbeit und Wirtschaftswachstum, 9. Industrie, Innovation und Infrastruktur, 10. Weniger Ungleichheiten sowie 12. Nachhaltiger Konsum und Produktion. Alles wird scheinbar zusammengehalten durch das Ziel 17. Partnerschaft zur Erreichung der Ziele.

Selbstverständlich sind diese sehr unterschiedlichen Ziele in je unterschiedlichen situationalen Kontexten mit unterschiedlichen Gewichtungen versehen. Für Länder wie Somalia oder Bangladesch, deren Bevölkerungen arm sind und kaum zum ökologischen Fußabdruck der Menschheit beitragen, spielt das Ziel 1 „keine Armut" eine weitaus größere Rolle als das Ziel 13 „Maßnahmen zum Klimaschutz". Auf der anderen Seite stellt sich das für industrialisierte Länder, die erheblich zum Klimawandel beitragen, genau umgekehrt dar. Außerdem ist auch offensichtlich, dass diese Ziele nicht konfliktfrei verfolgt werden können, da sie sich teilweise widersprechen. Es erfordert daher Aushandlungsprozesse, um für jeweils unterschiedliche Situationen die jeweils dringlichsten Ziele zu vereinbaren und umzusetzen.

In Bezug auf den normativen Aspekt der Nachhaltigkeit sehe ich diese als Ausfluss eines universalistischen Prinzips inter- und intragenerationeller Gerechtigkeit.[11] Es handelt sich also um ein Ideal, das auf die Zukunft hin orientiert ist, also auch die Rechte künftiger Generationen in den Blick nimmt, dabei aber universell für alle Menschen auf der Welt gilt, dessen Gültigkeit also nicht auf einen Bereich innerhalb nationaler oder europäischer Grenzen beschränkt ist.

Aufgrund dieser beiden Charakteristika ist Nachhaltigkeit ein Anliegen, das alle Menschen betrifft und daher auch allen Menschen in unterschiedlichsten Bildungssettings vermittelt werden soll. Hierfür wurde Bildung für nachhaltige Entwicklung, kurz BNE, entwickelt:

Unterziel Nr. 4.7 der SDGs lautet, bis 2030 sicherzustellen:

> „dass alle Lernenden Kenntnisse und Qualifikationen zur Förderung nachhaltiger Entwicklung erwerben, einschließlich unter anderem durch Bildung für nachhaltige Entwicklung und nachhaltige Lebensweisen, Menschenrechte, Geschlechtergleichstellung, eine Kultur des Friedens und der Gewaltlosigkeit, Weltbürgerschaft und die Wertschätzung kultureller Vielfalt und des Beitrags der Kultur zu nachhaltiger Entwicklung".[12]

11 Felix Ekardt (2010), Das Prinzip Nachhaltigkeit. Generationengerechtigkeit und globale Gerechtigkeit, München: Beck.

12 UN Generalversammlung (2015), UN-Nachhaltigkeitsziele, http://sdg-indikatoren.de/4/

BNE zeichnet sich dadurch aus, dass es nicht nur um kognitiv zu erwerbendes Wissen geht, sondern auch um Kompetenzen, um Haltungen und kritische Reflexionsfähigkeit. Ein wesentliches Konzept in diesem Zusammenhang ist die von Gerhard de Haan beschriebene Gestaltungskompetenz.[13]

Gestaltungskompetenz meint dabei nach Gerhard de Haan die

> „Fähigkeit [...], Wissen über nachhaltige Entwicklung anwenden und Probleme nicht nachhaltiger Entwicklung erkennen zu können. Das heißt, aus Gegenwartsanalysen und Zukunftsstudien zur ökologischen, ökonomischen und soziokulturellen Entwicklung in ihrer wechselseitigen Abhängigkeit Schlussfolgerungen ziehen und darauf basierende Entscheidungen treffen, verstehen und individuell, gemeinschaftlich und politisch umsetzen zu können, mit denen sich nachhaltige Entwicklungsprozesse verwirklichen lassen".[14]

Visionsorientierung, Partizipation und vernetztes Denken sind vor diesem Hintergrund zentrale Merkmale eines im Sinne nachhaltiger Entwicklung gebildeten Menschen, so Christine Künzli und Franziska Bertschy.[15] Die zentralen Elemente von BNE, die hier von de Haan, Künzli und anderen genannt werden, wie Problembezug, Visionsorientierung, Multiperspektivität und Partizipation, beschreiben zentrale Kategorien des eben dargelegten Verständnisses von Demokratie und Bildung bei Dewey. Dabei ist es für Dewey wichtig gewesen, die höhere Bildung nicht von den praktischen Problemen abzutrennen, da dies nur zu einer Bedeutungslosigkeit des Geistigen führe. In „Democracy and Education" hat Dewey eine Philosophie der Erziehung

13 Gerhard de Haan (2008), Gestaltungskompetenz als Kompetenzkonzept der Bildung für nachhaltige Entwicklung, in: Inka Bormann/Gerhard de Haan (Hrsg.), Kompetenzen der Bildung für nachhaltige Entwicklung. Operationalisierungen, Messungen, Rahmenbedingungen, Befunde, Wiesbaden: Verlag für Sozialwissenschaften, S. 23–43.

14 Gerhard de Haan (2009), Bildung für nachhaltige Entwicklung, Hintergründe, Legitimation, und (neue) Kompetenzen, Programm Transfer-21 – Bildung für nachhaltige Entwicklung, Berlin: Freie Universität Berlin, S. 187.

15 Christine Künzli/Franziska Bertschy (2008), Didaktisches Konzept Bildung für nachhaltige Entwicklung, Bern, http://www.ikaoe.unibe.ch/forschung/bineu/BNE_Didaktisches_Konzept_Feb08.pdf

ausgearbeitet, die sich gegen die Verselbständigung höherer Bildung richtet und zugleich eine empathische Konzeption von Demokratie entwickelt, die somit heute noch aktuell ist.[16] Eine Pointe seiner Überlegungen ist dabei, dass eine solche Bildung die spekulative Phantasie freisetzen kann, die auch die Logik der Forschung antreibt. Der Praxisbezug erzwingt geradezu die spekulative Freiheit, nach neuen Lösungen für Probleme zu suchen und ermöglicht gemeinsame, identitätsstiftende Werterfahrungen zu machen.[17]

Das Beispiel KLIMA-N

Zum Schluss möchte ich meine theoretischen Überlegungen anhand eines konkreten Beispiels eines Projekts zur Transformation der Hochschulen in Thüringen veranschaulichen. Das Projekt „KLIMA-Netzwerk für mehr Nachhaltigkeit in Thüringen" (KLIMA-N) wurde im Rahmen der Ausschreibung „Transformationspfade für nachhaltige Hochschulen" des Bundesministeriums für Bildung und Forschung entwickelt. Es handelt sich um eine Kooperation der FH Erfurt, der TU Ilmenau, der FH Nordhausen und der Universität Erfurt. Adressiert werden in der Ausschreibung Hochschulen als Bildungs- und Wissenschaftsorte gesellschaftliche Entwicklungen, als Orte der Innovation und Impulsgeber für die Region. Ihnen kommt in Zeiten des fortschreitenden Klimawandels und weiterer globaler Krisen eine zentrale Rolle zu: Sie können als Stätten technischer und sozialer Innovationen, als Akteure einer Bildung für nachhaltige Entwicklung (BNE) und als organisatorische Vorbilder einen wichtigen Beitrag zur Transformation unserer Gesellschaft zu mehr Nachhaltigkeit leisten. Hochschulen als Orte, an denen zukünftige Entscheidungsträgerinnen und träger ausgebildet werden und zugleich als Diskursräume, nehmen als Experimentierfeld für Lösungsansätze für mehr Nachhaltigkeit eine Schlüsselfunktion im gesellschaftlichen Transformationsprozess ein. Orientiert an den SDGs bedeutet das für Hochschulen, alle Bereiche hochschulischer Aktivität

16 Jung (o.D.), Demokratie als Verkörperungskultur, S. 10.

17 Ebenda, S. 11.

(Governance, Lehre, Forschung, Betrieb und Transfer) entsprechend zu transformieren und umfassend nachhaltig zu gestalten.[18]

Während die Forschung zu Themen der Nachhaltigkeit, insbesondere zu Fragen von Klimawandel und -anpassung an vielen Hochschulen bereits fest verankert ist[19] und auch BNE an deutschen Hochschulen eine wichtige Rolle zugedacht wird,[20] kann doch festgestellt werden, dass es sich hierbei bisher kaum um ein ganzheitliches, interdisziplinäres oder auch transformatives Vorgehen handelt. Entwicklungen zu einem nachhaltigen Campus (etwa im Bereich Energieversorgung) stellen Einzelinitiativen dar, die bislang noch überwiegend ohne Nachahmungseffekte bleiben. Während es zudem in einigen Bundesländern bereits ganze Studiengänge zum Thema Klimamanagement gibt, wird das Thema in Thüringen nur am Rande thematisiert. Zugleich finden sich aber bereits heute zahlreiche studentische Gruppen, aber auch Einzelinitiativen einzelner Hochschulen, die erste gute Beispiele transformativer Lehr-Lern-Arrangements (kurz LLAs) für mehr Nachhaltigkeit erproben. Ein systemischer Ansatz, der Nachhaltigkeit als Grundbaustein eines jeden Studiengangs denkt und zudem einen transformativen Charakter für alle Bereiche der Hochschule aufweist, fehlt aber bisher. Hier setzt das Projekt KLIMA-N an und zeigt, wie ein ganzheitlicher – dem „Whole Institution Approach" entsprechender – Kulturwandel zur nachhaltigen Hochschule über die Etablierung eines Thüringer KLIMA-Netzwerks funktionieren kann.

Die im Rahmen des Projekts adressierten Forschungs- und Anwendungsprojekte liegen dabei schwerpunktmäßig in folgenden Bereichen: BNE (Uni Erfurt), Energie und Betrieb (HS Nordhausen), Interne und externe Kommunikationsprozesse (TU Ilmenau), Mobilität und Biodiversität (FH Erfurt).

18 Hoch^{N} (2020), Keine Nachhaltigkeit ohne Hochschulen – keine Hochschulen ohne Nachhaltigkeit, Positionspapier https://www.hochn.uni-hamburg.de/-downloads/2020-05-27-positionspapier.pdf.

19 Vgl. beispielhaft Uwe Schneidewind/Mandy Singer-Brodowski (2014), Transformative Wissenschaft. Klimawandel im deutschen Wissenschafts- und Hochschulsystem, Marburg: Metropolis (2., durchges. Aufl.).

20 Vgl. dazu das BNE-Portal Bildung für nachhaltige Entwicklung, Portal des Bundesministeriums für Bildung und Forschung, https://www.bne-portal.de/bne/de/home/home_node.html mit weiteren Verweisen.

Die jeweiligen Vorhaben sind nicht auf die Hochschulen beschränkt, sondern integrieren Akteurinnen und Akteure aus Verwaltung, Wirtschaft sowie Zivilgesellschaft. Lehre, Forschung und Transfer gehen Hand in Hand und zielen langfristig auf einen Wandel der beteiligten Hochschulen sowie der Region zu mehr Nachhaltigkeit.

Die Forschung zu BNE hat – wie oben dargelegt – die Bedeutung von Gestaltungskompetenz hervorgehoben. Zur Förderung dieser Kompetenz sind experimentelle LLAs zentral, in denen Studierende sich als Entwicklerinnen und Entwickler für reale Lösungsansätze erproben können. Diese Erkenntnis wird vielfach in bestehenden LLAs mit Nachhaltigkeitsfokus genutzt.[21]

Die Universität Erfurt kann bereits mit dem Studium Fundamentale „Nachhaltigkeit" – einem studentisch organisierten Service Learning-Seminar, das gemeinsam mit Praxispartnern durchgeführt wird[22] – und dem Capstone-Seminar von Andreas Goldthau „Critical Minerals. Options for Diversifying German Raw Material Supplies" im Master of Public Policy auf exemplarische LLAs mit Nachhaltigkeits- und transformativen Praxisbezug verweisen.

Die Vernetzung Thüringer Hochschulen im Projektverbund soll Transformationsprozesse an Hochschulen im gesamten Freistaat anstoßen. Damit kann

21 Inka Bormann/Mandy Singer-Brodowski/Janina Taigel/Matthias Wanner/Martina Schmitt/Jona Blum (2022), Transformatives Lernen durch Engagement. Soziale Innovationen als Impulsgeber für Umweltbildung und Bildung für nachhaltige Entwicklung. Abschlussbericht, Umweltbundesamt, https://www.umweltbundesamt.de/publikationen/transformatives-lernen-durch-engagement-soziale.

22 Bettina Hollstein/Sandra Tänzer/Alexander Thumfart (Hrsg.) (2013), InnoNet Bildung für nachhaltige Entwicklung. Gemeinsam Nachhaltigkeit gestalten. Das Innovationsnetzwerk BNE und das Studium Fundamentale. Nachhaltigkeit als Impulsgeber für vernetztes Handeln, Universität Erfurt, https://www.uni-erfurt.de/fileadmin/Hauptseiten/Universitaet/Nachhaltigkeit/Broschuere_InnoNet_BNE_Uni_Erfurt.pdf; Bettina Hollstein/Mandy Singer-Brodowski (2015), Netzwerk im Wandel: Qualitätsentwicklung von BNE in der Erfurter Bildungslandschaft, in: Robert Fischbach/Nina Kolleck/Gerhard de Haan (Hrsg.), Auf dem Weg zu nachhaltigen Bildungslandschaften. Lokale Netzwerke gestalten, Wiesbaden: Springer VS, S. 147–168; Mandy Singer-Brodowski (2016), Studierende als GestalterInnen einer Hochschulbildung für nachhaltige Entwicklung: selbstorganisierte und problembasierte Nachhaltigkeitskurse und ihr Beitrag zur überfachlichen Kompetenzentwicklung Studierender, Berlin: Berliner Wissenschafts-Verlag.

das Vorhaben zur Umsetzung der in der Thüringer Nachhaltigkeitsstrategie[23] festgelegten Schwerpunktfelder für eine nachhaltige Entwicklung in Thüringen beitragen. Zugleich soll durch eine gezielte Aufarbeitung und Veröffentlichung von Good-Practices im Rahmen des Vorhabens ein Beitrag zur Bewältigung von Nachhaltigkeitsherausforderungen an Hochschulen generell geleistet werden. Die diversen inhaltlichen Schwerpunkte der beteiligten Hochschulen bieten zudem eine breite Perspektivenvielfalt und erleichtern letztlich die Entwicklung ganzheitlicher Lösungsansätze.

Die Universität Erfurt wird in Zusammenarbeit mit dem Nachhaltigkeitszentrum Thüringen den Bereich BNE weiterentwickeln. Neben der Bestandsaufnahme unterschiedlicher LLAs soll eine Wirksamkeitsanalyse eine qualitative Weiterentwicklung der jeweiligen LLAs zu KLIMA-LLAs, also auf die SDGs ausgerichtete LLAs, ermöglichen. Diese sind dadurch gekennzeichnet, dass sie neben den notwendigen Bedingungen (Nachhaltigkeits- und Praxisbezug) noch folgende Kriterien berücksichtigen: 1. Wirksamkeit, überprüft anhand im Projekt zu entwickelnder qualitativer Kriterien, 2. Institutionalisierbarkeit im Verbund (Transferierbarkeit an andere Hochschulen, um Skaleneffekte zu erzielen).

Das Projekt startete im November 2022, so dass hier noch keine umfassenden Ergebnisse präsentiert werden können.[24] Bislang wurden bereits Befragungen der Studierenden durchgeführt und Gelingensbedingungen für Praxispartner und -partnerinnen anhand der BNE-Kriterien für außerschulische Bildungsträger entwickelt. In einem Auftakttreffen konnten außerdem engagierte Akteurinnen und Akteure aus der Studierendenschaft, den Lehrenden und den Praxispartnerinnen und -partnern für eine Task-Group gewonnen werden.

Als nächste Schritte stehen Interviews mit Praxispartnerinnen und -partnern und Lehrenden, Vernetzung mit weiteren Hochschulverbünden bei einer Veranstaltung des BMBF in Berlin sowie die Gewinnung weiterer Akteurinnen

23 Vgl. Thüringer Nachhaltigkeitsstrategie, beschlossen am 07.08.2018, https://tlubn.thueringen.de/service/umwelt-und-raum/umweltindikatoren/nachhaltig.

24 Erste Ergebnisse von Bettina Hollstein, João Tziminadis und Pia Schrage sollen in einem internationalen Journal im Jahr 2024 veröffentlicht werden.

und Akteure aus dem Bereich der Verwaltung für die Task Group an. Mit diesem Projekt hoffen wir, nicht nur einen Beitrag zur Weiterentwicklung von BNE an der Universität Erfurt zu leisten, sondern auch die Universität als Ganze in Richtung Nachhaltigkeit zu bewegen.

Alexander Thumfart hat das Studium Fundamentale „Nachhaltigkeit“ mehr als zehn Jahre lang als Mentor und Ideengeber begleitet. Er war Sprecher des InnoNet BNE[25], das die Zusammenarbeit mit Praxispartnerinnen und -partnern befördert hat und zuletzt das Projekt eines Studiengangs „Nachhaltigkeit und Demokratie“ verfolgte, für den er sich nachdrücklich einsetzte, auch wenn bislang hierfür kaum Resonanz und vor allem keine Ressourcen in der Universität vorhanden waren und das Vorhaben daher etwas utopisch wirkte. Der Antrag zum beschriebenen KLIMA-N-Projekt war ein Versuch, Ressourcen für dieses Vorhaben zu generieren und zugleich inhaltlich daran weiterzuarbeiten.

Ausblick

Statt eines Fazits möchte ich zum Schluss einen kleinen Ausblick wagen, wobei ich hier vor allem Alexander Thumfart selbst zu Wort kommen lassen möchte. In der letzten von ihm mitorganisierten Ringvorlesung im Sommersemester 2021 anlässlich der Bundesgartenschau hat er einen Vortrag beigesteuert zum Thema: „Der Garten als gesellschaftspolitische Utopie“. In diesem Vortrag sprach er über das „utopische“ Ziel einer besseren Gesellschaft, verwurzelt im konkreten Leben:

> „Utopien sind radikale Überschreitungen des Gegebenen, ein unbändiges Ausbrechen. Gleichwohl haben Utopien einen sehr konkreten Sitz im Leben. Denn das Hier und Jetzt fungiert als Anlass und Ausgangspunkt für den hohen Flug darüber hinaus. […] Die radikale Überschreitung, die inszenierte Negation des normal Erwartbaren

25 Mehr Informationen zum InnoNet finden sich auf der Website: https://www.uni-erfurt.de/universitaet/profil/nachhaltigkeit/innonet-bne.

verliert sich aber nicht in den Weiten des banal Unendlichen und daher Gleichgültigen. Vielmehr wendet sich die Utopie kritisch zurück und konfrontiert ihre Gegenwart mit der abgründigen, gleichwohl im Menschlichen verwurzelten Alterität. [...] Utopien sind Unruhestifter, Irritationen, Dornen im Arbeitsschuh, die Zappelphilipine im Klassenzimmer. Sie alle nerven unheimlich, man weiß nicht genau, wie man mit ihnen umgehen soll, warum man das verdient hat, und ohne eine Antwort zu finden, ist man schon hinüber geglitten in das Denken in Alternativen und Möglichkeiten."[26]

Was Alexander Thumfart hier beschreibt, ist die Kreativität, die sich in den Irritationen der Praxis durch das utopische Ideal ergibt, wie das auch Dewey und Joas gezeigt haben. Eines seiner zentralen politischen Anliegen für die Universität Erfurt, ein hoffentlich nicht zu utopisches Ideal, hat er anlässlich ihres 25-jährigen Bestehens formuliert:

> „Ich wünsche mir, dass die Idee der Nachhaltigkeit stärker in den Vordergrund gestellt wird – sowohl, was die Institutionen als auch die Lehre betrifft. Damit können wir als Universität noch attraktiver für zukünftige Studierende werden. [...] Die Universität kann dabei nur gewinnen und gleichzeitig eine neue Attraktivität generieren. Nachhaltigkeit und Interdisziplinarität sollten die Maxime des Handelns in den Institutionen sein – von regionaler Küche bis hin zu flachen Hierarchien in der Verwaltung."[27]

Diese Vorstellung von partizipativer Nachhaltigkeit scheint mir eine aktualisierte Form von Deweys Demokratie als Lebensform zu sein. Schließen möchte

26 Alexander Thumfart (2022), Der Garten als gesellschaftspolitische Utopie, in: Alexander Thumfart/Bettina Hollstein/Sandra Tänzer (Hrsg.), Gärten. Von der Naturbeherrschung zur gesellschaftlichen Utopie, Göttingen: Wallstein, S. 123–148, hier: S. 123 f.

27 Alexander Thumfart (2019), 25 Köpfe: Alexander Thumfart – Wahl-Erfurter mit Engagement über die Grenzen der Uni hinaus, https://25jahre.uni-erfurt.de/25jahre.uni-erfurt.de/25-koepfe-alexander-thumfart/index.html.

ich diesen Beitrag mit einem weiteren Zitat aus Alexander Thumfarts letztem Aufsatz:

> „Das Leben im Garten ist revolutionär, es achtet die globalen Kreisläufe, baut sich in die Biosphäre ein, ohne sie dominieren und ausbeuten zu wollen, verbraucht nie mehr, als es selbst bedarf. In der Tat, verglichen mit unseren westlichen organisierten, kapitalistischen, expansionistischen Abenteuern, den viaggi organizzati von tui-Reisen und backpacker, und einem hyper-konsumistischen Lebensstil mag dieses Leben im Garten langweilig sein. Aber im Ernst: Was könnte der glamouröseste Ball, die schönste Party, der spektakulärste Event, die angesagteste Fashion für einen Reiz haben – wenn man auf der Titanic eingecheckt hat?"[28]

Ich bin froh, Alexander Thumfart kennengelernt und mit ihm gearbeitet zu haben und in seinem Sinne hoffe ich, dass seine Worte und Ideen uns Vermächtnis und Verpflichtung sind, unsere Welt dem utopischen Garten näher zu bringen, der ihm vorschwebte.

---

28 Alexander Thumfart (2022), Der Garten, S. 145.

Quartiersmelancholie

Zur Deutung ambivalenter Gefühle in einem Arbeiterviertel in Transformation

von Susanne Frank

Vorbemerkung

In diesem Beitrag möchte ich das Konzept „Quartiersmelancholie“ vorstellen und erläutern, warum es mir besonders geeignet zu sein scheint, die komplexen und ambivalenten Gefühle zu deuten, die die radikale Transformation eines Dortmunder Arbeiterquartiers bei seinen alteingesessenen Bewohner*innen hervorruft – ein Wandel, der bislang vor allem unter der Überschrift Gentrifizierung diskutiert wird.[1]

Ich habe dieses Thema für die Gedenkschrift zu Ehren von Alexander Thumfart ausgewählt, weil dieser sich immer stark für unsere Langzeitbeobachtung des sozialen und räumlichen Wandels im Dortmunder Stadtteil Hörde interessiert hat. Überdies hat er mein Bestreben, sozialpsychologische Konzepte für die stadtsoziologische Forschung fruchtbar zu machen, sehr nachdrücklich und ermutigend unterstützt. Und schließlich hat uns unser letzter langer gemeinsamer Spaziergang in Dortmund in unser Untersuchungsgebiet rund um den Phoenix-See geführt. Dabei haben wir vor allem auch über die Unterschiede zwischen einem melancholischen und einem nostalgischen Mo-

1 Dabei greife ich stark auf zwei Aufsätze zurück: Susanne Frank (2021), Gentrification and Neighborhood Melancholy: Collective Sadness and Ambivalence in Dortmund's Hörde District, in: Cultural Geographies 28/2, S. 255–269; dies. (2018), Das Phoenix-Projekt und die große Erzählung vom Neuen Dortmund. Diskussionen um „gefühlte“ Gentrifizierung im Stadtteil Hörde, in: Norbert Gestring/Jan Wehrheim (Hrsg.), Urbanität im 21. Jahrhundert. Eine Fest- und Freundschaftsschrift für Walter Siebel, Frankfurt a.M./New York: Campus, S. 196–214.

dus des Umgangs mit Verlusterfahrungen, die sich an sozialräumlicher Transformation festmachen, gesprochen[2] und dabei viele Parallelen (und einige Unterschiede) zwischen dem Ruhrgebiet und Ostdeutschland entdeckt. Zum ins Auge gefassten gemeinsamen Vorhaben eines systematischen Vergleichs wird es nicht mehr kommen.

Phoenix aus der Asche

Im Jahr 2000 stellt der Rat der Stadt Dortmund einstimmig die Weichen für die spektakuläre Konversion des im Stadtteil Hörde gelegenen Phoenix-Werks von Thyssen-Krupp (vorher Hoesch) in ein ganz neues Stadtgebiet: Das Hochofen-Areal wird zu einem Cluster für zukunftsorientierte HighTech-Unternehmen (Phoenix West), das des Stahlwerks zu einem Standort für hochwertiges bis luxuriöses Wohnen, ambitioniertes Gewerbe und Naherholung rund um den künstlich angelegten Phoenix See (Phoenix Ost).

Um die materiell und symbolisch herausragende Bedeutung des Phoenix-Projekts für die Dortmunder Stadtentwicklung zu erfassen, ist es wichtig zu wissen, dass der Stadtteil Hörde sowohl Wiege als auch Sterbebett der Dortmunder Schwerindustrie ist. Hier wurde 1841 das erste Stahlwerk errichtet und 2001 das letzte stillgelegt. Wie viele andere Arbeiterviertel im Ruhrgebiet nahm auch Hörde nach dem Ende der Schwerindustrie den berüchtigten „Fahrstuhl nach unten". Bis heute ist der Stadtteil, der lange zu den ökologisch am stärksten devastierten Orten in Deutschland zählte, von überdurchschnittlicher Arbeitslosigkeit und hoher (Kinder-)Armut gekennzeichnet.

2 Susanne Frank (2022), Social Change in the Ruhr: Melancholy and Nostalgia as Moods and Modes of Dealing with Neighborhood Transformation, Vortrag im Rahmen der „Travelling Conference on Urban Transformations in Industrial Regions", veranstaltet vom Kompetenzfeld Metropolenforschung der Universitätsallianz Ruhr und der Emschergenossenschaft an der TU Dortmund, 4./5. März 2022, https://metropolenforschung.uaruhr.de/outreach/travelling-conference/

Das strategische Narrativ vom „Neuen Dortmund“

Phoenix-Hörde ist damit „der Ort, an dem Dortmund sich demonstrativ von seiner industriellen Vergangenheit verabschiedet und gleichzeitig als international renommierter Wissens- und Technologiestandort neu erfindet“.[3] Namentlich im Osten, am Phoenix-See, soll dieser „Aufbruch zu neuen Ufern“ sinnfällig und erlebbar werden – im wörtlichen wie im übertragenen Sinne.[4] Der ehemalige Dortmunder Oberbürgermeister Sierau formuliert rückblickend pointiert: „Wir standen vor der strategischen Frage: Wie geben wir Dortmund eine neue Story?“[5] Phoenix, das „Vorzeigeprojekt des industriellen Strukturwandels“, gibt die Antwort.[6] Wichtigste Adressat*innen dieser Neuausrichtung der Stadtpolitik sind die „kreativen“ Mittelschichten.[7]

Betrachtet man das strategische Narrativ vom „Neuen Dortmund“ genauer, so fällt dessen binäre Codierung ins Auge. Die Zusammen- bzw. Gegenüberstellung der diskursprägenden Schlüsselbegriffe ergibt eine Matrix von Bedeutungen, deren Elemente aufeinander verweisen und sich gegenseitig stabilisieren, wobei der erste Pol den entwerteten und der zweite den begehrten Part bezeichnet. Das Neue gewinnt Gestalt, Bedeutung und Strahlkraft in Abgrenzung vom Alten, das man hinter sich lassen möchte. Im vorliegenden Fall entscheidend ist nun, dass beide Seiten am selben Ort zusammentreffen. Wie Phoenix als „Leitprojekt“ für das „neue Dortmund“ steht, so repräsentiert der Arbeiterstadtteil Hörde, einst Wohnort der stolzen „Hoeschianer“, das „alte“

3 Susanne Frank/Ulla Greiwe (2012), Phoenix aus der Asche. Das „neue Dortmund“ baut sich seine „erste Adresse“, in: Informationen zur Raumentwicklung, Themenheft „Großprojekte in der Stadtentwicklung“ 11, S. 575.

4 Reiner Burger (2010), Aufbruch zu neuen Ufern, in: Frankfurter Allgemeine Zeitung, 30. September.

5 Dieter Nellen/Franziska Zibell (2016), Stadtentwicklung und politische Führung. Interview mit Oberbürgermeister Ullrich Sierau und Vorgänger Gerhard Langemeyer, in: Dieter Nellen/Christa Reicher/Ludger Wilde (Hrsg.), Phoenix – eine neue Stadtlandschaft in Dortmund, Berlin: Jovis, S. 56–61.

6 Stadt Dortmund (2018), PHOENIX. Eine neue Stadtlandschaft in Dortmund. Deutscher Städtebaupreis 2018, https://www.dortmund.de/media/p/stadtplanungs_und_bauordnungsamt/stadtplanung_bauordnung_downloads/stadtplanung_dl/PHOENIX_Dokumentation.pdf.

7 Frank/Greiwe (2012), Phoenix aus der Asche, S. 575.

Dortmund. Meine These lautet, dass das Phoenix-Projekt von Anfang an auf einer dichotomischen normativen Grundlage ikonisiert wurde.

Die dichtomische Konstruktion des Narrativs vom „Neuen Dortmund“

alt	neu
Industriestadt	Dienstleistungsmetropole Wissens- und Technologiestandort
Vergangenheit	Zukunft
Arbeiterklasse	gehobene Mittelschichten
Alt-Hörde	Leitprojekt „Phoenix“
Arbeiter-, Großwohnsiedlung	Villenviertel
arm	reich
„sozial schwach“	„stabile Gruppen“
schmutzig, heruntergekommen	weiß, strahlend, leuchtend
devastiert	ökologisch
obsolet	innovativ
Bier	Cappuccino
entwertet	**begehrt**

Quelle: Frank (2018), Das Phoenix-Projekt, S. 201

Das markanteste Beispiel: In den Marketingunterlagen findet sich eine Reihe großformatiger Hochglanzbilder, die den schönen, weiten Blick über den See vom Balkon einer hellen neuen Villa am Nordufer zeigen. Am Horizont sind deutlich die Silhouetten der Kirche und des Gasometers sowie die Umrisse des weiter entfernten Ardeygebirges zu erkennen. Was jedoch fehlt, sind die siebzehn Hochhäuser der unweit des Südufers gelegenen Großsiedlung Clarenberg, die aus dieser Perspektive deutlich zu erkennen sein müssten. Diese bewusste und gezielte Unsichtbarmachung des Clarenbergs – Wohnort vieler Armer, Ungebildeter, Abgehängter – zeigt nachdrücklich, dass die Alt-Hörder*innen in der Vision des „Neuen Dortmund“ buchstäblich keinen Platz haben. Eine Interviewpartnerin ist darüber 15 Jahre später immer noch entrüstet: „Als sie den Phoenix-See vermarktet haben, haben sie den Clarenberg aus dem Bild wegretuschiert. […] Zum Glück haben wir noch das Prospekt, so können wir beweisen, dass so etwas wirklich gemacht wurde.“[8]

Strahlungsmonitoring Phoenix-Hörde

Gut zwanzig Jahre später hat das Phoenix-Projekt alle Erwartungen erfüllt, wenn nicht sogar übertroffen. Der See ist definitiv „the pride and joy of Dortmunders, with thousands of people picnicking, walking, biking, and running along the shore on the trails every weekend“.[9] Wohlhabende Bewohner*innen bevölkern eindrucksvolle Stadtvillen an beiden Ufern. Rund um den geschäftigen Hafen schießen neue Unternehmen, Dienstleister, Geschäfte und Restaurants wie Pilze aus dem Boden. 2018 wurde das Projekt als „Musterbeispiel für den exzellenten Strukturwandel vom Industriezeitalter zur postindustriellen Stadt“ mit dem Deutschen Städtebaupreis ausgezeichnet.[10]

So ist Hörde heute ein Ort der starken baulichen Kontraste und scharfen sozialen Gegensätze. Besonders arme und besonders reiche Haushalte leben dort in unmittelbarer Nachbarschaft, oft nur durch eine schmale Straße voneinander getrennt. Und es ist genau diese unmittelbare Nähe von Arm und Reich, Alt und Neu, Vergangenheit und Zukunft, Verfall und Revitalisierung, die das große (lokale, überregionale, auch internationale) Interesse für das Projekt hervorruft – auch unseres. Seit 2011 führen wir am Fachgebiet Stadt- und Regionalsoziologie der Fakultät Raumplanung der TU Dortmund eine aufwändige methodenintegrative Langzeitstudie zur Frage durch, wie das Phoenix-Projekt sich entwickelt und auf seine Umgebung ausstrahlt (daher

8 Eigene Aufzeichnungen.

9 Michael Schwarze-Rodrian (2016), Ruhr Region Case Study, in: Donald K. Carter (Hrsg.), Remaking Post-Industrial Cities: Lessons from North America and Europe, London: Routledge, S. 204.

10 Stadt Dortmund (2018), Phoenix. Eine neue Stadtlandschaft in Dortmund. Deutscher Städtebaupreis 2018 (Pressemitteilung), https://www.dortmund.de/media/p/stadtplanungs_und_bauordnungsamt/stadtplanung_bauordnung_downloads/stadtplanung_dl/PHOENIX_Dokumentation.pdf.

der Name „Strahlungsmonitoring").[11] In diesem Zusammenhang interessieren wir uns besonders für die unterschiedlichen Sichtweisen, Deutungen und Bewertungen des sozialen und räumlichen Wandels in Hörde. Daher sammeln wir quantitative Daten zu Demografie, Miet- und Kaufpreisen, baulichen Veränderungen und zum Nutzungswandel im Stadtteil. Diese setzen wir in Verbindung zu qualitativen Daten, die wir in Form von Interviews, informellen Gesprächen, teilnehmenden Beobachtungen u.a.m. erheben. Zudem analysieren wir die mediale Berichterstattung, Planungsdokumente, Imagebroschüren und nicht zuletzt auch die Wirkung künstlerischer Interventionen.[12] Die in diesem Artikel entwickelten Thesen und Konzepte basieren auf dem im Rahmen des Projekts erhobenen reichhaltigen empirischen Material.

Diskussionen um Gentrifizierung ohne Gentrifizierungsprozesse

Seit seiner Ankündigung steht das Phoenix-Projekt im Verdacht, Gentrifizierungsprozesse im alten Hörde auszulösen.[13] Während sich andere Befürchtungen mit der Zeit verflüchtigten, hat sich diese über die Jahre hartnäckig gehalten. Dies ist umso bemerkenswerter, als es nach wie vor, wenn überhaupt, nur schwache empirische Belege für eine Neubau-Gentrifizierung in Alt-Hörde gibt – zumindest wenn man letztere anhand gängiger Indikatoren wie (Luxus-) Sanierungen, überdurchschnittliche Mietsteigerungen, Umwandlung von Miet- in Eigentumswohnungen, Aufwertung von Gewerbestrukturen, Wan-

11 Die Projekthomepage ist unter der URL: https://soz.raumplanung.tu-dortmund.de/forschung/projekte/detail/langzeitstudie-strahlungsmonitoring-25969/ zu finden. Projektmitarbeiterinnen sind Ulla Greiwe und Verena Gerwinat, denen ich für die Zusammenarbeit wie immer sehr herzlich danke!

12 Zum Methodenkonzept siehe Susanne Frank/Verena Gerwinat/Ulla Greiwe/Jörg Peter Schmitt (2022), Mixed-Methods Monitoring of Large-Scale Urban Development Projects. The Example of Lake Phoenix in Dortmund-Hörde, in: Jens Martin Gurr/Dennis Hardt/Rolf Parr (Hrsg.), Metropolitan Research: Methods and Approaches, Bielefeld: Transcript, S. 367–382.

13 Frank/Greiwe (2012), Phoenix aus der Asche, S. 575–587.

del von Sozialstrukturen bzw. Verdrängung von Alteingesessenen definiert.[14] Dessen ungeachtet entbrennen unter der Überschrift „Gentrifizierung“ immer wieder lebhafte, teils hitzige Diskussion um die soziale Dimension des Projekts – sehr zum Ärger der Stadtspitze, die befürchtet, dass das „Schimpfwort“ dem Ruf ihres Flaggschiffs schaden könnte.[15] So sprechen etwa ein Journalist in Bezug auf Hörde von „Gentrifizierung, wie sie drastischer nicht ablaufen kann“[16] und ein bekannter Kurator von einer „Gentrifizierung wie aus dem Lehrbuch“.[17]

Die diskursanalytische Betrachtung zeigt, dass der Terminus „Gentrifizierung“ in den Diskussionen sehr unterschiedliche Bedeutungen annimmt. Er fungiert als Sammelbegriff, um tatsächliche, gefühlte oder antizipierte Veränderungen zu bezeichnen, darunter maßgeblich soziale Abwertung, symbolische Ausgrenzung und Verdrängung, kulturelle Entfremdung oder ungleiche Verteilungen von (Handlungs- und Deutungs-) Macht.[18] Insgesamt geht es damit weniger um einen objektiven, empirisch nachweisbaren Prozess als vielmehr um die anstehende Neuaushandlung von sozialen Bedeutungen, Beziehungen und Zugehörigkeiten in einem Quartier vor dem Hintergrund planerisch induzierter ausgeprägter Klassengegensätze. Der Begriff „Gentrifizierung“ transportiert hier vor allem die Erwartung, dass die „neuen“ Hörder*innen aufgrund ihres hohen ökonomischen, sozialen und kulturellen Kapitals in einer deutlich besseren Position als die „alten“ sein werden, ihre quartiersbezogenen Interessen und Bedürfnisse durchzusetzen. Er wird vor allem aufgegriffen, um auf die eklatanten sozialen Ungleichheiten und Machtungleichgewichte hinzuweisen, die sich im Phoenix-Projekt materiell und symbolisch kristalli-

14 Für alle genannten Indikatoren lassen sich in Hörde Beispiele finden – aufs Ganze betrachtet handelt es sich dabei aber eher um Einzelfälle oder bestimmte Hot Spots und nicht um verallgemeinerbare und flächendeckende Entwicklungen.

15 Ausführlicher dazu: Frank (2018), Das Phoenix-Projekt und die große Erzählung.

16 Ulrich Sonnenschein (2014), Kritik zu Göttliche Lage, https://www.epd-film.de/filmkritiken/goettliche-lage, (18. Juli 2014).

17 Florian Matzner zit.n. Christiane Hoffmanns (2016), Eine Gentrifizierung wie aus dem Lehrbuch, https://www.welt.de/regionales/nrw/article155850831/Eine-Gentrifizierung-wie-aus-dem-Lehrbuch.html (1. Juni 2016).

18 Ausführlicher dazu: Frank (2021), Gentrification and Neighborhood Melancholy.

sieren.[19] Dafür ist das Konzept bestens geeignet: Es ist polyvalent und politisch, polemisch und kritisch, inzwischen medial popularisiert, entsprechend breit bekannt und daher leicht zur Hand.

Vielleicht aber auch zu leicht. Denn, wie ich meine, deckt „Gentrifizierung" nur einen Teil der komplexen und komplizierten Gefühle ab, mit denen viele alteingesessene Hörder*innen auf die Transformation ihres Stadtteils reagieren – und verdeckt dabei zugleich auch andere Emotionen, die ebenso zentral oder wahrscheinlich sogar noch wichtiger sind.

Zwiespältige Gefühle im alten Hörde

Zu den Gefühlen, die vom Gentrifizierungskonzept nicht erfasst werden, gehört zum einen die große Freude an der Quartiersentwicklung. Zahlreiche alteingesessenen Hörder*innen schätzen den See und sind glücklich über die hochwertigen Freiräume. Einhellig wird die hohe Qualität der neu geschaffenen Grün- und Freiflächen gelobt und die insgesamt stark verbesserte Lebensqualität im Stadtteil anerkannt. Auf das unerwartete Privileg, plötzlich in Seenähe zu wohnen, reagieren viele mit großem Enthusiasmus, und es gibt auch einen verbreiteten lokalpatriotischen Stolz darauf, dass gerade das eigene Quartier zum Vorzeigeprojekt des Strukturwandels erkoren wurde.

Zugleich und zum anderen sind diese positiven Emotionen oftmals spürbar mit Gefühlen wie Traurigkeit, Wehmut, Bitterkeit und Verlust verwoben, die sich an den mit dem Strukturwandel einhergehenden realen, wahrgenommenen oder erwarteten Veränderungen im Wohngebiet festmachen. Wie unsere eigene Empirie ist auch der vielfach preisgekrönte Dokumentarfilm „Göttliche Lage", eine Langzeitbeobachtung des Entstehungsprozesses des

19 In einem brillanten Vortrag hat Alan Mallach herausgearbeitet, wie sehr (rassifizierte) Machtungleichgewichte zum zentralen Thema des öffentlich-medialen Gentrifizierungsdiskurses geworden sind: Alan Mallach (2019), The Evolution of Gentrification; or, how a Spatial Descriptor Has Taken on Protean Social, Cultural and Political Meaning, Vortrag auf der 49. UAA-Konferenz in Los Angeles (unveröffentlichtes Manuskript).

Phoenix-Sees,[20] eine Fundgrube solcher Äußerungen. „Dortmund hat kein Bier mehr, eine große Brauerei nur noch, kein Stahlwerk, kein Pütt. Hier wird nur noch Freizeit gemacht“, kommentiert ein Beobachter die beginnenden Bauarbeiten lakonisch.

Melancholie: Die Unfähigkeit, einen Verlust zu betrauern

Im Folgenden möchte ich *Quartiersmelancholie* als Konzept vorstellen, um die unklaren, un- oder unterbewussten und zutiefst ambivalenten Gefühle zu deuten, mit denen viele Alteingesessene auf den Wandel ihres Quartiers reagieren.

Zur Erläuterung schließe ich zunächst ganz klassisch an Freud an, der Melancholie in den Kontext von Trauer stellt und zugleich von ihr abgrenzt: Trauer ist die Reaktion auf den Verlust einer geliebten Person oder aber eines abstrakten Liebesobjekts wie Vaterland, Freiheit – oder eben Quartier und Nachbarschaft.[21] Normalerweise, sagt Freud, ist das Ich sich über das Objekt und den Verlust im Klaren. Dies ermöglicht Trauerarbeit, durch die das Ich den Verlust mit der Zeit bewältigen, gesunden und damit neu beginnen (sich also ein neues Liebesobjekt suchen) kann.[22]

Melancholie hingegen entsteht, wenn das Verhältnis von Ich, Objekt und Verlust uneindeutig ist bzw. un- oder unterbewusst bleibt. Das Ich mag unsicher sein, ob es das Objekt wirklich verloren hat, oder über die Ursache des Schmerzes, das es fühlt. Melancholie ist also eine Reaktion auf einen Verlust, der nicht vollständig erkannt, artikuliert, beklagt, bearbeitet und bewältigt

20 Die Filmemacher*innen Ulrike Franke und Michael Loeken haben den Entstehungsprozess fünf Jahre lang mit der Kamera begleitet und dabei die Wünsche und Hoffnungen, Erwartungen und Befürchtungen von Investor*nnen und Planer*nnen, Alteingesessenen und Neuzuzügler*innen eingefangen. Der Film veranschaulicht eindrucksvoll, wie das Phoenix-Projekt soziale Welten und Werthaltungen in enge räumliche Nähe bringt, die unterschiedlicher nicht sein könnten. Der Film ist zu sehen unter https://youtu.be/dL6gQIaWDyQ.

21 Sigmund Freud (1917), Trauer und Melancholie, in: Gesammelte Werke, Band 10, Frankfurt a.M.: Fischer, S. 428 f.

22 Ebenda

werden kann. Unklarer Verlust, unvollständige Trennung oder unbewältigte Trauer können sich dann als Traurigkeit, Niedergeschlagenheit, Wehmut, Kummer, Ärger, Angst oder Verzweiflung geltend machen.

Zahlreiche Sozialwissenschaftler*innen haben dazu beigetragen, das Freud'sche Konzept von seinen klinischen Konnotationen zu befreien und die (verschiedenen Formen von) Melancholie in einen weiteren Kontext historischer, ökonomischer, sozialer, politischer oder kultureller Überlegungen zu stellen. Eng und Kazanjian verstehen Melancholie als eine „Gemütsverfassung" („mental state"), in der sich individuelle und kollektive, spirituelle und materielle, emotionale und soziale, ästhetische und politische Aspekte miteinander verbinden.[23]

In diesem Sinne verstehe ich Quartiersmelancholie als ein Konzept des individuellen und kollektiven Umgangs mit Verlusterleben, das – wie im Fall des Wandels im Dortmunder Stadtteil Hörde – für die alteingesessenen Arbeiter*innen an und in ihren Wohngebieten konkret wird. Meine These lautet, dass die Transformation des Quartiers Verlusterfahrungen oder Verlustängste hervorruft: Verlust von Status, Bedeutung, Anerkennung, Vertrautheit oder Zugehörigkeit. Die damit verbundenen Gefühle finden weder im offiziellen Jubeldiskurs vom gelungenen Strukturwandel noch im kritischen Gegendiskurs der Gentrifizierung einen Platz und können damit auch nicht (an)erkannt und bearbeitet bzw. überwunden werden. Daraus resultiert eine besondere Art von Traurigkeit bzw. ein melancholisches Verhältnis zum Quartierswandel: Quartiersmelancholie.

Gewinner und Verlierer zugleich

Für solche nicht repräsentierten Verlusterfahrungen möchte ich im Folgenden zwei Beispiele anführen. Im ersten geht es um die Erfahrungen einer Gruppe türkeistämmiger Alt-Hörder*innen, die in den 1960er Jahren als Gastarbei-

23 David Eng/David Kazanjian (2003), Loss. The Politics of Mourning, Berkeley: University of California Press, S.3. Zur Melancholiediskussion siehe ausführlicher: Frank (2021), Gentrification and Neighborhood Melancholy.

ter*innen nach Dortmund gekommen sind und berichten, dass das Phoenix-Projekt ihre Situation *zum Besseren und Schlechteren zugleich* verändert habe. In den 1970er Jahren haben viele Familien Grundeigentum in unmittelbarer Nähe des Stahlwerks erworben und dort bescheidene Häuser errichtet – eben dort, wo es am lautesten und dreckigsten war und niemand sonst wohnen wollte. Heute nun befinden sich ihre Grundstücke in unmittelbarer Ufernähe, also gleichsam in „göttlicher Lage", und haben dadurch enorm an Wert gewonnen. Sie beschreiben sich deshalb ausdrücklich als ökonomische Gewinner*innen der Restrukturierung.

Zugleich aber berichten sie von bitteren Marginalisierungs- und Ausgrenzungserfahrungen. Eine Hörderin mit türkischem Hintergrund erzählt, dass „Makler*innen" immer wieder an der Haustür ihres Onkels klingelten, um ihn dazu zu drängen, sein Grundstück zu verkaufen. Er solle die Chance ergreifen, ein Mehrfaches des Verkehrswertes zu erhalten, um dann in einen anderen Dortmunder Stadtteil zu ziehen, weil sie, die Türken, ja jetzt nicht mehr ins aufgewertete Hörde passen würden. Der Onkel habe sich darüber stark empört, und auch meine Gesprächspartnerin und ihre ebenfalls anwesende Tochter zeigen sich sehr verletzt. Sie erleben die Entwicklungen klar als symbolische Ausgrenzung.

Zustimmende Traurigkeit

Das zweite Beispiel betrifft die Art der kollektiven Traurigkeit, die ich als „zustimmende" oder „akzeptierende" Traurigkeit bezeichnen möchte. Der Wandel des Quartiers wird von vielen Alt-Hörder*innen als Ausdruck des erforderlichen Übergangs von der Industrie- zur Dienstleistungsgesellschaften bewertet – ein Schritt, der für Dortmund, die ehemalige Hauptstadt von Kohle, Stahl und Bier, deutlich viel schwieriger zu bewerkstelligen war als für andere Städte. Deshalb wird die Präsenz der wohlhabenden neuen Nachbar*innen, mit denen sie nichts verbindet, auch von den Alteingesessenen als Hoffnungszeichen für die Stadtentwicklung bewertet.

Zugleich aber führen die Neuzuzügler*innen den eigenen Status- und Bedeutungsverlust unmissverständlich vor Augen. Wie gesehen, hat die Stadtspitze alles dafür getan, diese Wahrnehmung zu unterstützen. Das Phoenix-Projekt, gepriesen und vermarktet als Aushängeschild des bewältigten Strukturwandels, wird von einem dichotomischen Narrativ gerahmt, das die statushohen Neuankömmlinge als Verkörperung der ersehnten Zukunft feiert und die alteingesessenen Arbeiter als Vertreter einer rasch zu überwindenden Vergangenheit stigmatisiert.

Bemerkenswerterweise hat die Traurigkeit, die daraus resultiert, in der Regel keinen kritischen Stachel. „Unsere Zeit ist abgelaufen. So ist es nun mal. Da kann man nichts machen, oder?", kommentiert ein langjähriger Einwohner von Hörde.[24] Auffallend viele Gesprächspartner*innen bringen ihre Zustimmung oder Begeisterung über den Quartierswandel zum Ausdruck, bevor sie ihre Sorgen, Bedenken oder Vorbehalte äußern oder Traurigkeit oder Bitterkeit durchscheinen lassen. Regelmäßig wird das Stadt- oder Allgemeinwohl dabei über die eigenen Befindlichkeiten gestellt.

Quartiersmelancholie

Ein wunderbares Beispiel dafür, wie die Veränderungen als notwendig begrüßt und zugleich als schmerzhaft empfunden werden, gibt ein ehemaliger Stahlarbeiter:

> I:[25] „Finden Sie denn gut, was da passiert?"
> Er: „Na klar! In der Gegend musste ja auch was passieren. Und wie da was passiert ist! Ganz Dortmund kommt ja hin, um sich das anzugucken. Das ganze Ruhrgebiet sogar! Die staunen alle über den See und die weißen Häuser. Hörde war ja früher grau! Wir staunen ja auch. Wie unser Stadtteil heute aussieht! Naja, die Häuser sind nicht unbedingt für uns gemacht, da wohnen andere Leute…"
> I: „Andere Leute?"

24 Eigene Aufzeichnungen.

25 Das „I" steht hier als Abkürzung für „Interviewerinnen".

Er: „Die Reichen und Schönen halt!“ (lacht ein bisschen traurig, aber nicht bitter)
I: „Und ist das gut für den Stadtteil?“
Er: „Das ist gut für den Stadtteil! Vielleicht nicht unbedingt für uns, aber für den Stadtteil schon!“
I: „Was meinen Sie mit ‚nicht unbedingt für uns‘?“
Er: „Na, da spielen jetzt andere die erste Geige im Stadtteil!“[26]

Man kann diese Passage auch als eine Variante des auffälligen „Ja, aber“-Musters betrachten, das sich in zahlreichen Äußerungen zum Quartierswandel zeigt. So sagt eine Frau: „Wir mögen den See sehr. Wir lieben ihn. Wenn mein Mann früh Feierabend macht, drehen wir immer eine Runde. Aber für uns ist der Kaffee dort zu teuer…“.[27]

Auch ein lange ansässiges Künstlerpaar, beide in den Sechzigern, interpretiert die hohen Gastronomie-Preise als Zeichen dafür, dass die alteingesessenen Bewohner vom Seeprojekt nicht angesprochen werden:

Er: „[W]enn wir Besuch haben oder Freunde aus anderen Städten hier sind […], dann zeigen wir denen den Phoenix-See und erklären denen das.“
Sie: „Also das ist ne schöne Geschichte für Fremde, sag ich jetzt mal.“
Er: „[D]as ist schon interessant für Leute von außerhalb […]. Also das ist Teil der Geschichte hier und das finden wir auch als Weggezogene und wieder Zurückgekommene toll […] und da sind wir auch irgendwo stolz drauf.“
I: „[F]ür die Einheimischen klingt das eher zwiespältig, oder wie würden Sie das aus Ihrer Sicht sehen?“
Er: „Also ich finde, der Phoenix-See [ist] toll, das hat Weite, wenn man da drauf guckt. Man merkt, dass das Stadtklima sich verändert hat. Das finden wir toll. Man kann auch mal mit dem Fahrrad entlangfahren […]. Hat auch diesen Freizeitwert, aber ein Großteil ist doch einfach

26 Eigene Aufzeichnungen.

27 Eigene Aufzeichnungen.

nicht für die Leute, die da wohnen. […] [M]an muss konsumieren. Man muss ja Geld haben."
Sie: „[D]eine Schwester und die Enkelkinder, die gehen nicht hin, weil man da immer was kaufen muss. Dann möchte man Eis und Brötchen und das ist einfach teuer, da kann man nicht einfach so mal spazieren gehen."[28]

Ein lokalpolitisch engagiertes Rentnerehepaar, beide Ende sechzig, beklagt vor allem den schwindenden Gemeinschaftssinn:

> Er: „Also ich bin echt stolz auf den See, muss ich ganz ehrlich sagen. Auf die Leute, die das da produziert haben, die das da geplant haben. […] Also ich will nicht negativ reden, ich bin froh, dass wir das haben. […] [Aber heute fehlt] die alteingesessene, historische Verbundenheit der ‚Urbevölkerung' untereinander. Die waren im Verein, im Siedlerbund und sowas, alles vernetzt dabei. Dazu kommt jetzt das Neue, dass auf einmal die Arbeitsplätze weg [sind]. Und diese immens schnelle Wandlung der gesellschaftlichen Form […]. Wir haben keine Vereine mehr, [keine] Gaststätten, der soziale Verbund ist nicht mehr. Man geht nicht mehr in Parteien rein. [D]as Schlimmste, was der Politik passieren kann, [ist] wenn sie die Leute nicht mitnimmt. Und das passiert heute. Das ist das Problem, das wir haben. Dieses Wir-Gefühl, ‚wir machen', das ist nicht mehr."
> Sie: „Das Wir-Gefühl ist weg."[29]

Ohne den Begriff zu verwenden, bringt ein Pfarrer im Ruhestand, der erst vor kurzem in die Gegend gezogen ist, aber seit langem Kontakt zur örtlichen evangelischen Gemeinde hat, die verbreitete melancholische Ambivalenz auf den Punkt:

28 Eigene Aufzeichnungen.

29 Eigene Aufzeichnungen.

„[D]iese Sache […] mit dem Fluten der Erinnerung […] das ist ja sehr eindrücklich […]. Vielleicht ist stadtpolitisch […] die Trauer über den Verlust dieser Industrie zu kurz gekommen. Das […] kann ich nur so vermuten als Seelsorger. […] Die Gemeinden haben ein bisschen versucht, da […] gegenzusteuern und auch die Verlustrechnung aufzumachen. Andererseits spürten aber auch viele, dass [der Strukturwandel] 'ne Notwendigkeit war."[30]

Ähnlich fühlen viele andere Alt-Hörder*innen. Sie sehen, dass das Zeitalter der Schwerindustrie unwiderruflich vorbei ist. Sie verstehen, dass ihre vom Strukturwandel gebeutelte Stadt einen Neuanfang braucht. Sie akzeptieren, dass sich die zukunftsorientierte Stadtentwicklung in erster Linie auf die akademischen Mittelschichten ausrichten muss, die die Basis der Dienstleistungsgesellschaft bilden – so wie sie selbst einst das stolze Rückgrat der Industriegesellschaft waren. Sie anerkennen, dass der spektakuläre Umbau von Hörde im Interesse der Dortmunder Stadt- und Wirtschaftsentwicklung liegt. Dafür sind sie bereit, die Marginalisierung im eigenen Stadtteil zu akzeptieren – eine Marginalisierung, die sie traurig macht und schmerzt, die aber letztlich als Preis begriffen wird, der für die Transformation zu entrichten ist.

Abwehr von Traurigkeit und Ambivalenz

Vor dem Hintergrund solch komplexer psychologischer Aushandlungen ist es umso bedauerlicher, dass die Dortmunder Verantwortlichen nie auch nur versucht haben, die ambivalenten Gefühle der langjährigen Hörde-Bewohner*innen wahrzunehmen und zu verstehen. Insbesondere die binäre Normativität und die unerbittliche Positivität des Narrativs vom „neuen Dortmund" verhindern die Wahrnehmung von Ängsten und Sorgen, Widersprüchen und Ambivalenzen. Die anhaltende Weigerung anzuerkennen, dass ein Projekt wie Phoenix, auch wenn es einhellig begrüßt und sogar gefeiert wird, nichtsdestoweniger auch soziale Kosten und psychologische Verluste produziert, ist

30 Eigene Aufzeichnungen.

ein zentraler Grund dafür, dass das Unbehagen vieler Alteingesessener an der Quartiersentwicklung bzw. die diesbezüglich gemischten Gefühle weitestgehend unter der Oberfläche bleiben müssen. Wenn sie zu Wort kommen, dann in den Arbeiten von Künstler*innen (z. B. Fotograf*innen, Filmemacher*innen) und Journalist*innen, die ihre Werke dann oftmals in den Kontext von „Gentrifizierung" stellen. Auf dieses Framing reagiert die Dortmunder Stadtspitze seit jeher dünnhäutig und teils sogar aggressiv.[31] Offenkundig fürchten ihre Vertreter*innen eine Beschädigung der Reputation ihres Leuchtturmprojekts, wenn es mit dem „dirty word" der Gentrifizierung in Verbindung gebracht wird. Mit der pauschalen Zurückweisung auch nur des Anscheins irgendeiner Form von Gentrifizierung umgehen sie dann aber auch jede Auseinandersetzung mit den Gefühlen, Sichtweisen und Erfahrungen der Alteigesessenen, die in diesem Begriff (ob nun zutreffend oder nicht) eingekapselt werden.

Grenzen des Gentrifizierungskonzepts

In den besagten künstlerischen und journalistischen Werken sind die melancholischen Gefühle, mit denen viele Alt-Hörder*innen auf den Quartierswandel blicken, zum Teil sehr treffend eingefangen worden – ohne sie jedoch unbedingt entsprechend zu benennen. Wie gesehen, werden die Diskussionen über die sozialen Folgen des Phoenix-Projekts stattdessen oftmals in den Kontext von „Gentrifizierung" gestellt. Wie ich meine, kann aber auch der kritische Gentrifizierungsdiskurs die vielfältigen Gefühle der Alteingesessenen nicht angemessen repräsentieren. Denn auch er tendiert zur Vereindeutigung und dazu, den Beteiligten bzw. Betroffenen klare Rollen und damit verbundenen Gefühle zuzuweisen. „Gentrifizierung: Verlierer treffen auf Gewinner" ist eine typische Zeitungsschlagzeile zu Hörde.[32] Diese Gegenüberstellung illustriert, dass auch das Gentrifizierungskonzept nicht davon ausgeht, dass die Alteinge-

31 Frank (2018), Das Phoenix-Projekt und die große Erzählung.

32 Joachim vom Brocke (2012), Verlierer treffen auf Gewinner, Westdeutsche Allgemeine Zeitung, 7. Dezember.

sessenen mehrdeutige Klassenpositionen oder ambivalente Gefühle gegenüber dem Strukturwandel haben könnten. In Hörde ist aber genau dies der Fall.

So ist das Vokabular der Gentrifizierung zwar gut geeignet, Prozesse der symbolischen Verdrängung zu erfassen. Es sieht jedoch nicht vor, dass die symbolisch Verdrängten gleichzeitig die ökonomischen Profiteure derselben Transformation sind, die zu ihrer Marginalisierung führen.

Und natürlich ist das Gentrifizierungskonzept in der Lage, Gefühle von Traurigkeit, Bitterkeit oder Schwermut benennen. Es tut sich jedoch schwer damit, dass diese Emotionen nicht auf einer ablehnenden Haltung zum Quartierswandel beruhen, sondern mit einem grundsätzlichen Einverständnis mit den Veränderungen einhergehen, selbst wenn diese zu den eigenen Lasten ausfallen.

Während die Gentrifizierung ihre unbestrittenen Stärken in der Hervorhebung von sozialer Ungleichheit, Klassenunterschieden und Machtungleichgewichten hat, ist das Konzept der Quartiersmelancholie besser geeignet und notwendig, um die sozialpsychologische Dimension des Wandels einzubeziehen und die komplizierten Gefühle der zustimmenden Traurigkeit, der Ambivalenz und des Verlusts zu deuten, die die Entwicklung und Lage in Hörde begleiten.

Konzeptuelle Schlussfolgerungen

In meinem Beitrag habe ich argumentiert, dass „Quartiersmelancholie" die individuellen und kollektiven Gefühle vieler langjähriger Bewohner*innen und sympathisierender Beobachter*innen angesichts der radikalen Umgestaltung des ehemaligen Arbeiterviertels Hörde besonders gut beschreibt. Melancholie resultiert aus der Unfähigkeit zu trauern; sie ist die Reaktion auf einen Verlust, der nicht angemessen benannt und verarbeitet werden kann. Im vorliegenden Fall macht sich das Verlustempfinden der Alteingesessenen vor allem am Zuzug hunderter wohlhabender neuer Nachbarn fest, an die sie ihre Rolle als bis dahin quartiersprägende Gruppe verlieren und für deren Bedürfnisse und Ansprüche der Stadtteil nun umgestaltet wird. Diese „Marginalisierung im eigenen Quartier" spiegelt das Gefühl, vom Zentrum an den Rand der Gesellschaft gedrängt worden zu sein. Es wird bestätigt und bestärkt durch das binär konstruierte strategische Narrativ von Dortmund als „neuer Seestadt", das gegenüber den ehemaligen Industriearbeiter*innen einen abschätzigen Ton anschlägt.

Welche konzeptionellen Lehren lassen sich aus all dem ziehen? Nicht nur in Deutschland ist das Buzzword „Gentrifizierung" heute in aller Munde. Dies ist eine bemerkenswerte Entwicklung: Wenn ein akademischer Fachbegriff in den allgemeinen Wortschatz übergeht, was nicht sehr häufig passiert, können wir davon ausgehen, dass er Sachverhalte und Entwicklungen auf den Punkt bringt, die einer Gesellschaft unter den Nägeln brennen. Nun führt die Verwendung des Begriffs durch ein breites Spektrum von Sprecher*innen, die ihn in ganz unterschiedlichem Sinne nutzen, beinahe zwangsläufig zu einer Ausweitung bzw. Verwässerung seiner Bedeutung. Als Stadtforscher*innen sind wir daher (auf)gefordert, in jedem Fall sorgfältig und genau herauszuarbeiten, welche brennenden Themen, Fragen und Gefühle gemeint sind, wenn „Gentrifizierung" (als aktueller Prozess oder als Gefahr) beschworen wird. Dabei kann und wird sich häufig herausstellen, dass das Schlagwort mit der Aufgabe, all die vielgestaltigen, widersprüchlichen und manchmal versteckten oder verdrängten Themen und Emotionen, die in seinem Namen verhandelt werden, auf den Begriff zu bringen, überfordert ist. Um ein nuancierteres, komplexeres und vor allem auch empirisch untersetztes Bild zu erhalten, bedarf es dann der Differenzierung, Präzisierung oder Ergänzung durch andere (und hier insbesondere sozialpsychologische) Ansätze. Das Konzept der Nachbarschaftsmelancholie hat sich aus einem solchen Ansinnen heraus entwickelt. Wiewohl aus der Auseinandersetzung mit Gentrifizierung hervorgegangen, ist es keineswegs von ihr abhängig, sondern kann auch für sich stehen oder in Kombination mit anderen Konzepten der Transformation von Quartieren verwendet werden.

„Wir müssen reden, um sehend zu werden"

Scheinwirklichkeiten in der DDR als Gegenstand partizipativer Erinnerungsforschung

von Isabelle Lamperti und Sandra Tänzer

Einführung

In diesem Beitrag möchten wir ein Thema näher beleuchten, das eng mit Alexander Thumfarts Forschung im Forschungsverbund „Diktaturerfahrung und Transformation. Biographische Verarbeitungen und gesellschaftliche Repräsentationen in Ostdeutschland seit den 1970er Jahren" (kurz: DuT) [1] verbunden ist: die DDR, wie man sich heute an sie erinnert und wie man diese Erinnerungen erforschen kann.

Das „DuT-Projekt" ist ein Verbundprojekt, das durch die Vernetzung unterschiedlicher universitärer Disziplinen und Fachkulturen (Geschichtswissenschaft, Geschichtsdidaktik, Katholische Theologie, Kunstgeschichte, Literaturwissenschaft, Politikwissenschaft, Grundschuldidaktik Sachunterricht) der Universitäten Erfurt und Jena sowie Institutionen der geschichtskulturellen Praxis (Stiftung Ettersberg, Stiftung Gedenkstätten Buchenwald und Mittelbau-Dora) geprägt ist. Dass Alexander Thumfart in diesem interdisziplinären Verbund mitarbeitete, ist nicht allein aufgrund seines wissenschaftlichen Œuvre und seiner Expertise im Feld der Transformationsforschung naheliegend. Offen zu sein für die Gedanken, Sichtweisen und Praktiken anderer, fähig zu sein, zuzuhören und verstehend nachzufragen, war für ihn nicht nur Teil des wissenschaftlichen Denkens und Handelns als Sozialwissenschaftler; es war eine Grundhaltung, die ihn in seiner Art und Weise, mit anderen in der Welt zu sein, uneingeschränkt auszeichnete.

1 Zur Projekthomepage: https://verbund-dut.de

In einer seiner letzten Publikationen aus dem Jahr 2021 über die „Differenz und wachsende Entfremdung von politischer Struktur und politischen Kulturen“, erschienen in einem der beiden von Ilko-Sascha Kowalczuk, Frank Ebert und Holger Kulick herausgegebenen Bände zur Gegenwart und Zukunft Ostdeutschlands,[2] hat er dieses Selbstverständnis wiederholt klar zum Ausdruck gebracht. In seinem Aufsatz problematisiert er einerseits die Schwierigkeit von Bürger:innen, komplexe politische Prozesse und Entscheidungen zu verstehen, weil es dafür einer „intensive[n] Beschäftigung“ bedarf, die „im Alltag eines beschleunigten und ökonomisierten Lebens kaum möglich ist“.[3] Andererseits ist unsere Gesellschaft durch eine Pluralität von Lebensvollzügen und Lebenswirklichkeiten gekennzeichnet,[4] die politische Repräsentant:innen wiederum vor die Schwierigkeit stellt, „nicht mehr wissen [zu können], wessen Interessen sie [gar] nicht mehr vertreten“.[5] Unvermeidlich sei deshalb ein „[t]eilweise vehementer, hartnäckiger, von Misstrauen und mitunter von Unversöhnlichkeit geprägter Protest all jener, die sich nicht gesehen, gehört, wahrgenommen fühlen“.[6] Auf die Frage, was nun aber zu tun sei für „Sichtbarkeit, Anerkennung, Verständnis und Identifikation“,[7] verweist Alexander Thumfart mit tiefer Überzeugung auf die Verständigung einer Gesellschaft „über ihre Erscheinungen, Bruchlinien, Verwerfungen, Verfasstheiten, Ungleichheiten, Ausgrenzungen, Verluste – über ihre Hoffnungen, ihre Wünsche und Ängste, über ihre Aggressivität, ihre Zivilität und den Wert der Herstellung von Kompromissen“.[8]

Aus diesen Überlegungen leitet sich auch der Titel unseres Beitrags ab: Wir müssen reden, um sehend zu werden. Es ist einer jener klugen, pointierten Sätze, die Alexander Thumfart häufig im Gespräch ganz beiläufig aussprach.

2 Ilko-Sascha Kowalczuk/Frank Ebert/Holger Kulick (Hrsg.) (2021), (Ost)Deutschlands Weg, 35 weitere Studien, Prognosen und Interviews, Teil II – Gegenwart und Zukunft, Berlin/Bonn: Bundeszentrale für politische Bildung.

3 Alexander Thumfart (2021), Die politischen Institutionen als Garanten der Demokratie?, in: ebenda, S. 359–376, hier S. 368.

4 Ebenda.

5 Ebenda.

6 Ebenda.

7 Ebenda.

8 Ebenda, S. 369.

In diesem Beitrag wollen wir unter der Leitidee des „Redens, um sehend zu werden" über Scheinwirklichkeiten in der DDR als Gegenstand partizipativer Erinnerungsforschung sprechen und damit eines der letzten Forschungsprojekte von Alexander Thumfart würdigen, das er in den bereits erwähnten BMBF-Forschungsverbund „Diktaturerfahrung und Transformation. Biographische Verarbeitungen und gesellschaftliche Repräsentationen in Ostdeutschland seit den 1970er Jahren" einbrachte.

Den an der Universität Erfurt angesiedelten vier Teilprojekten dieses Forschungsverbundes[9] ging es um erinnerungskulturelles Wissen über die DDR und die Transformationszeit, wie es im kollektiven, aber auch individuellen Gedächtnis abgespeichert ist. Leitend war dabei die Überlegung, dass für die heutigen Vergangenheitsbilder von der DDR nicht nur Erinnerungen an die DDR-Zeit, sondern auch spätere Erfahrungen aus der Transformationsphase bis zur Gegenwart prägend sind. Wir alle haben uns deshalb mit Lebenserfahrungen von Zeitzeug:innen beschäftigt, verknüpft mit schriftlichen und archivarischen Quellen des Erfahrungs- und Handlungsraumes DDR. Zugleich nahmen wir uns vor, über das Verhältnis von Zeitzeug:innen, von Nicht-Wissenschaftler:innen und Wissenschaftler:innen nachzudenken und andere Wege der Forschung zu gehen, die wir unter dem Begriff der partizipativen Erinnerungsforschung fassen.

Jenes thematische Feld, welches Alexander Thumfart bearbeitete, waren die Trefforte, an denen Vertreter der Staatssicherheit (meist Führungsoffiziere) mit den Inoffiziellen Mitarbeitern zusammenkamen. Er hatte vor Projektbeginn recherchiert, dass es in Erfurt mehr als vierhundert solcher „Trefforte" oder „konspirativer Wohnungen" (kurz KW) gab.[10] Sie waren ihm ein besonderes

9 Teilprojekte der Universität Erfurt: Familienerinnerung an Alltag und Herrschaftswirklichkeit in der SED-Diktatur (Projektleitung: Prof. Dr. Christiane Kuller); Zwischen Erfahrung und Erinnerung: Bildungs(um)wege christlicher DDR-Bürger:innen von der sozialistischen Gesellschaft bis in die Gegenwart (Projektleitung: Prof. Dr. Jörg Seiler); Vom DDR-Heimatkundeunterricht zum Sachunterricht. Die Grundschule vor und nach 1989 (Projektleitung: Prof. Dr. Sandra Tänzer); Trefforte des MfS und alternative Räume in Erfurt (Projektleitung: Prof. Dr. Alexander Thumfart).

10 Joachim Heinrich (2006), Zur Topographie des Ministeriums für Staatssicherheit – Konspirative Wohnungen in Erfurt, in: Heinrich Best/Joachim Heinrich/Heinz Mestrup (Hrsg.), Geheime Trefforte des MfS in Erfurt, Erfurt: Landesbeauftragte des Freistaates Thüringen für die Unterlagen des Staatssicherheitsdienstes der ehemaligen DDR, S. 12–51, hier S. 20.

Symbol der politischen „Durchgriffenheit" des Alltagslebens in der DDR. In internen Projektbesprechungen verwies er darauf, dass das Herrschaftssystem der DDR mit seinen Praktiken der Überwachung eben nicht nur in die Privatsphäre der Menschen vordrang, sondern eng mit deren alltäglichem Leben verbunden war – und zwar nicht nur jenem der Stasi-Offiziere, IMs und Bewohner:innen der konspirativen Wohnungen, sondern auch ihrer Familienmitglieder, Freunde oder Nachbarn. Die Stasi setzte dafür auf die Konstruktion von Scheinwirklichkeiten, auf „Legendenbildung" und Lügengebäude.

Zugleich und in Korrespondenz dazu interessierte sich Alexander Thumfart für die Bezüge dieser Konspirativen Wohnungen zu oppositionellen Gegenorten, um gerade durch diese „Kombination und Konfrontation"[11] eine „Topographie von Durchherrschung und Widerstand in einer Stadt"[12] aufzuzeigen. Mit seinem Projektteam – Isabelle Lamperti und Marian Herzog – ist er ganz im Sinne des Ansatzes von Clifford Geertz auf „Spurensuche" gegangen.[13] Einige der Projektergebnisse, verschriftlicht in der Masterarbeit von Isabelle Lamperti,[14] werden im nachfolgenden Kapitel vorgestellt, bevor das letzte Kapitel den Ansatz und die Herausforderungen der partizipativen Erinnerungsforschung umreißt. Mit einem kurzen Schlusswort endet dieser Beitrag.

Der Forschungsgegenstand: Trefforte des MfS und Gegenorte des Widerstands

Alexander Thumfart hatte den Satz „Wir müssen reden, um sehend zu werden" am Ende eines Gesprächs über Konspirative Wohnungen des MfS in Erfurt geäußert, welches schließlich über die Transformationszeit ins Hier und Jetzt

11 Ebenda, S. 4.

12 Ebenda.

13 Clifford Geertz (1997), Spurenlesen. Der Ethnologe und das Entgleiten der Fakten. Aus dem Englischen übersetzt von Martin Pfeiffer, München: C.H.Beck.

14 Isabelle Lamperti (2022), Die Mobilisierung der Überwachung. Eine sozialwissenschaftliche Rekonstruktion der Dynamiken einer Überwachungsgesellschaft anhand der Akten der Konspirativen Wohnungen des Ministeriums für Staatssicherheit in Erfurt, Erfurt, Universität Erfurt, unveröffentlichte Masterarbeit.

und der Frage nach dem Zusammenhalt der Gesellschaft geführt hatte. Um des gegenseitigen Verstehens willen müssen wir miteinander reden, so meinte er.

Im Hinblick auf die Trefforte des MfS wird deutlich, dass auch hier das Reden, das Sehen beziehungsweise das Gesehenwerden und gleichzeitig das dem gegenüberstehende Schweigen und Nicht-Sehen eine große Rolle spielen und immer wieder auftauchen. Dabei zeigen sich ganz unterschiedliche Facetten sowohl des Redens als auch des Sehens, wenn es darum geht, was gesagt werden darf und was gesagt werden soll oder was gesehen werden darf und was man sehen will. Denn geheime Treffen bleiben nur so lange geheim und ungesehen, wie keiner darüber redet, „Legenden", Scheinwirklichkeiten und Fassaden fallen in sich zusammen, wenn darüber gesprochen wird, was sie verdecken und was hinter ihnen passiert.

Ein erster Schritt der Annäherung an diese Konspirativen Wohnungen, die ein Element der Überwachung der Bevölkerung in der DDR waren, war die Sichtung der Akten. Zu jedem Treffort beziehungsweise zu jeder Person, die ihre Wohnung als Treffort dem MfS zu Verfügung stellte, wurde eine Akte angelegt. Es gab Trefforte, die von hauptamtlichen Mitarbeitern selbst unterhalten und unter falscher Identität angemietet wurden, sowie Büroräume, die als Arbeitsorte genutzt wurden. Diese wurden dann als Konspirative Objekte bezeichnet.

Das Lesen der Akten war eine Art Detektivarbeit, wie Alexander Thumfart es nannte, ein Lesen von Dokumenten, die selbst Produkte eines Machtapparates waren und uns Ausschnitte der Geschichte nur aus einer bestimmten Perspektive darbieten, nämlich aus der des MfS. Es begann das schon erwähnte Spurenlesen: welche Informationen, welche Erkenntnisse und welche Geschichten würden wir in ihnen finden?

Was wir nicht gefunden haben, sind Berichte oder Aufzeichnungen zu den Gesprächen zwischen den sogenannten „operativen" MfS-Mitarbeitern und den Inoffiziellen Mitarbeitern, die an diesen Orten stattfanden. Die Akten enthalten vielmehr die Ermittlungsergebnisse zu den Bewohner:innen der Wohnung und ihrem Umfeld, Berichte über den Prozess der Anwerbung, der unterschiedlich lange dauerte, und Berichte über die Aussprachen und den Stand der Beziehung zu den Bewohner:innen. Und hier muss man tatsächlich von Bewohnern und Bewohnerinnen sprechen, da im Gegensatz zu den anderen IM-Kategorien vergleichsweise viele Frauen, ob als Ehefrauen oder auch alleinstehend, in die Zusammenarbeit mit dem MfS einwilligten und Zugang zu ihren Wohnungen gewährten.

Zudem finden sich Ergebnisse der Überprüfungen der „Konspiration" in den Akten – war dieser Treffort noch geheim oder wurde er „dekonspiriert"? Das heißt: wussten Nicht-Eingeweihte von den hier stattfindenden Treffen des MfS? War dies der Fall, musste die Zusammenarbeit beendet und die Akte archiviert werden.

Das Material verdeutlicht außerdem die Funktion und Bedeutung dieser Trefforte für das MfS. Es sah in der Installation dieser Treffzimmer – in Erfurt zum Großteil in den Wohnungen von Privatleuten – die beste Möglichkeit, die Treffen mit den IM geheim zu halten. In einer Akte zur Konspirativen Wohnung mit dem Decknamen „Marion Krebs" heißt es dazu:

> „Der Verbindungsweg bildet in der Zusammenarbeit mit inoffiziellen Kräften einen neuralgischen Punkt, d.h. der Feind versucht an diesem Punkt Lücken zu suchen, um in unserem [sic] IM-Bestand einzudringen. Daraus ergibt sich die Notwendigkeit, für die IM zur Sicherung der Konspiration und des Verbindungsweges IMK/KW zu schaffen".[15]

Es brauchte in der Logik des MfS also Orte, die die offiziellen wie inoffiziellen Mitarbeiter des MfS ungesehen aufsuchen konnten, ohne aufzufallen, um neue Informationen und Aufträge auszutauschen. Dafür schienen Privatwohnungen von „vorbildlichen"[16] DDR-Bürger:innen, von denen einige schon mit dem MfS in Berührung gekommen waren, andere aber noch gar keinen Kontakt gehabt hatten, verteilt über ganz Erfurt, geeignet.

15 BArch, MfS, BV Erfurt, Nr. 679/91, Anforderungsprofil an IM-Kandidaten mit Einsatzrichtung – konspirative Wohnung mit Inhaber,16.11.1984, S. 8–9, hier S. 8. Erklärung der Abkürzung IMK/KW: Inoffizieller Mitarbeiter zur Sicherung der Konspiration und des Verbindungswesens/Konspirative Wohnung.

16 Vgl. Richtlinie 21 (1996): Über die Suche, Anwerbung und Arbeit mit Informatoren, geheimen Mitarbeitern und Personen, die konspirative Wohnungen unterhalten, in: Helmut Müller-Enbergs (Hrsg.), Inoffizielle Mitarbeiter des Ministeriums für Staatssicherheit. Richtlinien und Durchführungsbestimmungen, Berlin: CH. Links, S. 164–191, hier S. 168.

Sie waren eine Möglichkeit, sich vor den „Feinden" des Sozialismus zu schützen, zu denen potentiell jede Bürgerin und jeder Bürger der DDR zählen konnte.[17] Zudem trug ein behaglich eingerichtetes Wohn- oder Gästezimmer sicherlich dazu bei, dass die inoffiziellen Mitarbeiter:innen bereitwilliger Informationen preisgaben, sich in „angenehmer Atmosphäre" bei Kaffee, Alkohol und Zigaretten, wie es zahlreiche Quittungen in den Akten belegen, weitestgehend entspannen konnten. Die ausgewählten Zimmer sollten ein Ort zum Reden sein.

Um diese Orte des Redens zu schaffen, bedurfte es einer umfangreichen Organisation und eines großen Schweigens auf Seiten derjenigen, die ihre Wohnung zur Verfügung stellten. Mit der Einbeziehung von Menschen in diese Art der Verbindungsaufnahme, die nicht beim MfS angestellt waren, legte es einen Teil seiner Operationsweise offen. Es vertraute die Aufrechterhaltung eines Teils seiner Überwachungsinfrastruktur den Bewohner:innen an.

Es mussten also verlässliche Menschen sein, die politisch überzeugt waren, mit nur wenigen Ausnahmen waren alle entsprechend politischer Vorgaben Mitglieder der SED.[18] Sie mussten eine positive Einstellung zur Arbeit des MfS haben und die entsprechenden Räumlichkeiten zur Verfügung stellen können. Wie diese Menschen dem MfS bekannt wurden, ist von Fall zu Fall unterschiedlich. Sie konnten beispielsweise aus dem persönlichen Umfeld der MfS-Mitarbeiter bekannt sein oder im Rahmen anderer Ermittlungen positiv aufgefallen sein.

Das familiäre Umfeld sowie das Wohnumfeld der potentiellen IMK wurde überprüft. Bestenfalls sollten keine Westkontakte bestehen, es durften keine schulpflichtigen Kinder im Haushalt leben, die eventuell reden konnten, und keine vom MfS „operativ bearbeiteten" Personen im Haus wohnen. Gab es zu enge Kontakte zur Nachbarschaft, eine zu intensive Hausgemeinschaft, in der die Menschen miteinander sprachen, gegenseitig die Blumen gossen, wenn

17 Vgl. beispielhaft: BArch, MfS, BV Erfurt, AIM 374/89, Verpflichtung, 26.05.1988, S. 18–19, hier S. 18; sowie Ilko-Sascha Kowalczuk (2013), Stasi konkret. Überwachung und Repression in der DDR, München: C. H. Beck, S. 48, 126.

18 Vgl. Richtlinie 21, 1996, S. 168, Beispiel für Ausnahme: BArch, MfS, BV Erfurt, AIM 1805/71.

jemand im Urlaub war, oder sich die Schlüssel gegenseitig anvertrauten, war dieser Ort für das MfS ungeeignet.

Auch aufmerksame Nachbarn, die jede Person registrierten, die ein- oder ausging, waren ein Hindernis für das MfS bei der Installation eines konspirativen Treffzimmers. Zudem musste die Wohnung gut erreichbar sein. Die Punkthochhäuser mit unzähligen Wohnungen, mehreren Ein- und Ausgängen und der Möglichkeit, unterschiedliche Anmarschwege zu wählen, waren gut geeignet.

Die wichtigste Bedingung für die Einrichtung eines Treffzimmers in einer bewohnten Wohnung war jedoch die Bereitschaft derjenigen, die dort lebten, dem Mitarbeiter des MfS und anderen fremden Personen Zutritt zu ihrem Zuhause zu gewähren. Oftmals zwei- bis dreimal pro Monat, in manchen Fällen weniger, in anderen häufiger, sollten sie entweder ihre Wohnung verlassen oder sich nur in einem bestimmten Zimmer aufhalten, um keinen Sichtkontakt zu den IMs zu haben, mit dem sich der operative Mitarbeiter in ihrem Wohn- oder Gästezimmer – oftmals war es auch das alte Kinderzimmer – traf.

Dies bedurfte der Überzeugungsarbeit, bei manchen mehr, bei anderen weniger. Daher bereiteten die operativen Mitarbeiter des MfS die Bewohner:innen mit sogenannten Kontaktgesprächen auf diese mögliche Zusammenarbeit vor. Einige waren schon nach dem ersten Kontaktgespräch zur Zusammenarbeit bereit,[19] unterschrieben die Verpflichtung und übergaben sogar ihren Wohnungsschlüssel, sodass der operative Mitarbeiter jederzeit – auch bei ihrer Abwesenheit – Zutritt zur Wohnung hatte.

Bei anderen dauerte die Kontaktphase länger, es gab mehrere Gespräche und es mussten Bedenken über das Betreten der Wohnung durch fremde Personen, über Sauberkeit oder über die Terminplanung ausgeräumt werden. Diese Art der Zusammenarbeit war schwer zu erzwingen, eine Verweigerung konnte und wurde durch das MfS, soweit es aus den Akten hervorgeht, nicht sanktioniert. Welche Argumente die Bewohner:innen letztlich überzeugten oder wie viel Druck doch auf die sogenannten Kandidat:innen ausgeübt wurde, ist allein aus den Akten nicht rekonstruierbar.

19 Offen muss bleiben, inwieweit es schon vorhergehende Kontaktaufnahmen gab, die nicht in den Akten dokumentiert wurden.

Es könnte das vom MfS in jedem Fall angeführte Argument gewesen sein, dass das Zurverfügungstellen eines Zimmers der eigenen Wohnung ein Beitrag für den Weltfrieden bzw. ein Beitrag im Kampf gegen den imperialistischen Feind wäre,[20] vielleicht auch die Aufwertung, die die Bewohner:innen in der Zusammenarbeit mit dem MfS sahen, der Mietzuschuss oder die Präsente, die in den meisten Fällen gegeben wurden, der in Aussicht gestellte Telefonanschluss zur Kontaktaufnahme oder doch auch die Angst vor negativen Konsequenzen. In vielen Fällen wurden Rentnerehepaare angeworben, von denen einige durch die Zusammenarbeit ihre Wohnung behalten konnten, obwohl sie durch den Auszug der Kinder in den Augen der Kommunalen Wohnungsverwaltung ein Zimmer zu viel hatten. Nur ein Gespräch mit denjenigen, die ihre Wohnung zur Verfügung stellten, könnte vielleicht Antwort darauf geben.

Eine weitere Bedingung für die Einrichtung eines Treffzimmers war die Möglichkeit der „Legendenbildung". Die Situation der Bewohner:innen musste es zulassen, eine glaubhafte Geschichte zu erfinden, die das Aufsuchen und die Anwesenheit des operativen Mitarbeiters und des IMs in der Wohnung gegenüber der Nachbarschaft und ggf. gegenüber der Verwandtschaft und den Freunden erklären konnte. Diese „Legende" wurde mit den Bewohner:innen abgesprochen und sollte je nach Situation aktiv im Haus verbreitet oder nur auf Nachfrage erzählt werden. Hier wurde also vorgegeben, wie über Geschehnisse in der eigenen Wohnung geredet werden sollte. Oftmals wurden die Zusammenkünfte in den Wohnungen als Besuch von entfernten Verwandten „legendiert", die nun für einige Zeit nach Erfurt gekommen seien, oder als Treffen von ehemaligen Kollegen oder Studienkollegen der schon ausgezogenen Kinder.

Es wurden Scheinwirklichkeiten erschaffen, Lügengebäude konstruiert, Fassaden errichtet, um die Treffen mit den IM, die ihre gesammelten Informationen dem operativen Mitarbeiter mitteilten, vor der Bevölkerung zu verschleiern. Die Bewohner:innen durften nicht darüber reden, was wirklich in ihrer Wohnung stattfand. Sie waren dazu verpflichtet, „strengstes Stillschwei-

20 Vgl. beispielhaft: BArch, MfS, BV Erfurt, KD Erfurt, Nr. 61, Verpflichtung, 13.03.1987, S. 8–9, hier S. 8.

gen gegenüber jedermann"[21] zu wahren, gegenüber den engsten Vertrauten und Familienangehörigen. Dies wurde in jeder Verpflichtung niedergeschrieben. Nur mit einer Person, die die vereinbarte Losung kannte, oftmals eine Frage und eine Antwort oder eine Satzverbindung, die den Decknamen der Konspirativen Wohnung enthielt, durfte über die Vorgänge gesprochen werden.

Dieser Teil der Überwachungsinfrastruktur funktionierte also nur so lange, wie die IMK nicht darüber redeten und sich an die vereinbarte Legende hielten. Das MfS wollte ungesehen agieren und dabei alles sehen, die eigenen Handlungen hinter Fassaden verstecken und gleichzeitig die Wirklichkeit ausspionieren. So waren die Bewohner:innen dazu verpflichtet, jede Veränderung in ihrem Umfeld, ob es der Einzug neuer Mieter:innen war oder ein zu neugieriges Nachfragen der Nachbarn, dem MfS-Mitarbeiter zu melden. Sie durften also reden, aber nur zu dem ihnen zugeteilten operativen Mitarbeiter. Das MfS versuchte das Reden der Menschen zu kontrollieren. Ein offenes Reden war schwer möglich oder riskant aufgrund der Präsenz des MfS auch im privatesten Umfeld. Die Konsequenzen waren unkalkulierbar.

Trotz dieser vielen Bedingungen schafften es die Erfurter Bezirksverwaltung und die Kreisdienststelle des MfS, unabhängig voneinander, über vierhundert dieser Trefforte zu installieren.[22] Mit einigen IMK bestand nur für eine sehr kurze Zeit eine Zusammenarbeit, andere stellten über zwanzig Jahre ein Zimmer ihrer Wohnung für die Treffen zur Verfügung.

Doch wo schaffte es das MfS, die Treffzimmer zu installieren? Nicht unbedingt in der Nähe von Räumen, in denen es „Oppositionelle" verortet hatte. Vielmehr dort, wo die Menschen in den Augen des MfS vertrauenswürdig waren und der Platz zur Verfügung stand. Installierte es eine Konspirative Wohnung oder ein Konspiratives Objekt gezielt aufgrund der Lage und Nähe zu einem Ort von Interesse, entsteht aus den Akten der Eindruck, dass in diesen Fällen die Präsenz der Stasi schnell auffiel. Gegenüber dem Interhotel am Bahnhof wurde zum Beispiel ein Konspiratives Objekt mit dem Decknamen

21 Siehe beispielhaft: BArch, MfS, BV Erfurt, KD Erfurt, Nr. 61, Verpflichtung, 13.03.1987, S. 8–9, hier S. 8.

22 Joachim Heinrich (2006), Zur Topographie des Ministeriums für Staatssicherheit, S. 20.

„Achse“ in einem Büro in der Eilgutabfertigung des Bahnhofs eingerichtet. Von hier aus sollten der Vorplatz des Bahnhofs und der Ein- und Ausgang des Hotels beobachtet werden. Nach einiger Zeit wurden alle Räume in dieser Abteilung neu beschriftet und für das Büro, in dem sich Mitarbeiter des MfS eigentlich ungesehen aufhalten sollten, wurde die Beschriftung „Gästezimmer“ von der zuständigen Mitarbeiterin gewählt, eine Bezeichnung, die in die Eilgutabfertigung des Bahnhofs eigentlich nicht gehörte. Auf diese Weise wurde dieses geheime Zimmer des MfS „dekonspiriert“.[23]

Ein anderes Mal richtete das MfS ein Konspiratives Zimmer in einem Künstleratelier in der Allerheiligengasse ein, um den Eingang zum Johannes-Lang-Haus einsehen zu können.[24] Dort wurden Treffen von der „Offenen Arbeit“ der Michaeliskirche organisiert für Menschen, deren Ausreiseanträge abgelehnt worden waren. Nach einiger Zeit machten sich die Besucher:innen dieser Treffen lautstark gegenseitig darauf aufmerksam, dass hinter den Fenstern des Ateliers die Stasi sitzt.[25] Mithilfe des Aussprechens und in diesem Fall des freien Redens markierten die Menschen die eigentlich geheime Überwachung und sie verlor ihre Wirkung, sie flog auf.

Wenn also darüber geredet wurde, was eigentlich geheim bleiben sollte, wurde es offengelegt und somit gesehen. Die Konspirativen Wohnungen sollten der Geheimhaltung der Arbeitsweise des MfS dienen. Dafür wurden „Legenden“ und Scheinwirklichkeiten erfunden, die verhindern sollten, dass Menschen sahen und erfuhren, was tatsächlich passierte.

Wie erinnern sich die Menschen daran? Was war für sie Wirklichkeit und was nur Schein? Es könnten kleine, lokale Geschichten der „Durchherrschung“ des Alltags bzw. der Verwobenheit von Herrschaft und Alltag geschrieben werden, setzte man die Spuren aus den Akten mit weiteren Quellen zusammen, etwa mit Erinnerungen, und es würde jene „dichte Beschreibung“ (Geertz)[26] entstehen, die dabei helfen kann zu verstehen. „Das Ziel der Forschung ist nicht

23 Vgl. BArch, MfS, BV Erfurt, Nr. 578/9.

24 Vgl. BArch, MfS, BV Erfurt, Nr. 1174/91.

25 BArch, MfS, BV Erfurt, KD Erfurt, Nr. 1685, Bd. 1, IM-Bericht (Abschrift), 28.10.1988, S. 204.

26 Clifford Geertz (2019), Dichte Beschreibung. Beiträge zum Verstehen kultureller Systeme, Frankfurt/M.: Suhrkamp (14. Aufl.).

eine Theorie", so schreibt Alexander Thumfart, „sondern regionale Verständigung, die immer nur regionale und begrenzte Integration bedeuten kann, Desintegration nicht ausgeschlossen. Ein großes und vorgegebenes Ziel gibt es dabei für alle Beteiligten nicht, vielmehr aber Veränderungen auf beiden Seiten".[27] An diesen Grundgedanken setzt auch der Ansatz der partizipativen Erinnerungsforschung an.

Der Forschungszugang: Partizipative Erinnerungsforschung

In Alexander Thumfarts Schriften taucht wiederholt die Forderung an die Politikwissenschaft auf, das eigene wissenschaftliche Handeln anschlussfähig nicht nur an andere Disziplinen, sondern insbesondere an die Öffentlichkeit zu machen, um dem eigenen Anspruch einer „Aufklärungs- und Demokratiewissenschaft"[28] gerecht zu werden und zu bleiben. So schreibt er 2008 in einem Aufsatz zur „Bestimmung politikwissenschaftlichen Denkens": „Forschungsergebnisse sollten […] auch für das Publikum der Nicht-Fachleute verstehbar sein. Das bedeutet, sie sollten an die Lebenswelten einer dispersen Öffentlichkeit ankoppeln können",[29] indem einerseits „alltägliche lebensweltliche Erfahrungen wie Problemlagen" Ausgangspunkt der Forschung sind und zum anderen „Ergebnisse in diese Lebenswelt zurückvermittelt werden".[30] Partizipative Erinnerungsforschung will darüber hinausgehen und steht für die Intention, dass Forschende im Austausch mit Zeitzeug:innen – und nicht nur mit diesen – eine Art von Forschung praktizieren, die als kommunikativ-diskursive

27 Alexander Thumfart (1999), Westliche Perzeptionsmuster, das Fremde und der Wandel in den neuen Bundesländern. Von der Modernisierung „to something else", in: Arno Waschkuhn/Alexander Thumfart (Hrsg.), Politik in Ostdeutschland. Lehrbuch zur Transformation und Innovation, München/Wien: R. Oldenbourg, S. 185–268, hier S. 197.

28 Alexander Thumfart (2008), Anschlussfähigkeit. Zur Bestimmung politikwissenschaftlichen Denkens, in: Michael Strübel (Hrsg.), Politische Theorie und Staatswissenschaften, Berlin: De Gruyter Recht (Erfurter Beiträge zu den Staatswissenschaften, Heft 8), S. 105–124, hier S. 121.

29 Ebenda, S. 120.

30 Ebenda.

und gleichberechtigte Teilhabe aller Beteiligten verstanden wird. Das heißt nicht nur, dass die Öffentlichkeit bereits während oder nach Beendigung eines Forschungsprojektes informiert wird, sondern der Austausch mit Nicht-Wissenschaftler:innen soll von Beginn an die Forschungsarbeit inhaltlich und methodisch prägen – verbunden mit der Intention, dass auch die Forschung „Impulse [erhält], die sie aus sich selbst heraus nicht entwickeln könnte".[31]

Für unser Gegenstandsfeld, die Rekonstruktion von Erinnerungen an DDR- und Transformationszeit, war und ist dieser Ansatz von doppelter Bedeutung: Zum einen bestimmen mit Martin Sabrow zerklüftete, widerstreitende Erinnerungen das Bild der DDR, das kein geschlossenes oder gefestigtes ist, sondern eher einem „Kampfplatz der Erinnerungen"[32] gleicht. Er differenziert sie als Diktaturgedächtnis, Arrangementgedächtnis und Fortschrittsgedächtnis.[33]

Das Diktaturgedächtnis erinnert vor allem an den „Unterdrückungscharakter" und „Unrechtscharakter der SED-Herrschaft" und deren „Überwindung", an „Leid, Opfer und Widerstand".[34] Es sieht in den herrschafts- und machtpolitischen Strukturen der DDR (u.a. im Machtapparat der Stasi) den Kern des Verständnisses eines Staates, der mit rechtsstaatlichen Normen gebrochen hat, und misst „den fundamentalen Unterschieden zwischen politischer Freiheit und politischer Unterwerfung ein[en] entschieden höhere[n] Wert für die Würde des menschlichen Lebens" zu als „den sozialen und wirtschaftlichen Gratifikationen, die die DDR unter dem Eindruck der bundesdeutschen Wirtschaftslage und ihrer hohen Arbeitslosigkeit rückblickend als eine Fürsorgediktatur der sozialen Sicherheit erscheinen lassen".[35] Das Diktaturgedächtnis steht im Zentrum öffentlichen Erinnerns.

31 Jörg Ganzenmüller/Anke John/Christiane Kuller (2020), Die Ostdeutsche Erfahrung: Auswege aus einem polarisierenden Deutungskampf über unsere Geschichte vor und nach 1989, in: Marcus Böick/Constantin Goschler/Ralph Jessen (Hrsg.), Jahrbuch Deutsche Einheit 2020, S. 95–119, hier S: 112.

32 Martin Sabrow (2009), Die DDR erinnern, in: Martin Sabrow (Hrsg.), Erinnerungsorte der DDR, München: C. H. Beck, S. 11–27, hier S. 13.

33 Vgl. ebenda, S. 18–20.

34 Ebenda, S. 18.

35 Ebenda.

Das Erinnerungsmuster des Arrangementgedächtnisses wirkt eher „in der gesellschaftlichen Tiefe".[36] Es vernetzt das Herrschaftssystem der DDR mit der eigenen Biographie und Lebenswelt. Martin Sabrow formuliert:

> „Es teilt mit dem Diktaturgedächtnis viele Orte, aber es verknüpft zugleich andere Erinnerungen mit ihnen und fühlt sich vom Blauhemd der FDJ nicht allein an die Zurichtung durch die Parteimacht erinnert, sondern auch an die glückliche Zeit der eigenen Jugend, und vom Einkaufsbeutel nicht nur an den deprimierenden Mangel an Waren, sondern an den einstigen Wert der Dinge."[37]

Es erinnert sich an die DDR als Teil der individuellen alltäglichen Erfahrungen.

Das Fortschrittsgedächtnis fokussiert weder Diktatur und Herrschaft noch eigene Lebenswelt im Kontext des DDR-Systems, sondern hält „an der Idee einer legitimen Alternative zur kapitalistischen Gesellschaftsordnung fest", an der Vision einer sozialistischen Gesellschaft, die den Aufbau der DDR antrieb, wenn sie auch unter anderem „an Fehler[n] der DDR-Führung", an der „Ungunst der Umstände"[38] gescheitert ist. Sichtbar wird es auch in sozial- und bildungspolitischen Debatten, beispielsweise um die Vorzüge des Bildungssystems der DDR gegenüber dem heutigen Bildungssystem.[39]

Neben diesen vielfältigen, diversen Vergangenheitserzählungen prägt die Urteilsbildung über die DDR und die Transformationszeit zugleich auch die Konkurrenz, ja der Widerspruch zwischen „historischen Erkenntnisse[n] aus der Wissenschaft, die in die gesellschaftliche Debatte eingespeist werden",[40] und erfahrungsbezogenen Geschichtsbildern. Es handelt sich hier um eine Konkurrenz unterschiedlicher Wissensformen, die Jörg Ganzenmüller, Anke John und Christiane Kuller im Jahrbuch Deutsche Einheit aus dem Jahr 2020 wie folgt auf den Punkt bringen:

36 Ebenda.

37 Ebenda, S. 19.

38 Ebenda.

39 Ebenda.

40 Ganzenmüller et al. (2020), Die Ostdeutsche Erfahrung, S. 107.

> „In den Konflikten über eine Ostdeutsche Erfahrung treten nicht selten Wissenschaftler:innen mit einem Expertengestus auf, der für ihre Forschungsergebnisse den Anspruch eines besseren Wissens über die Vergangenheit erhebt. Mitglieder der Erlebnisgeneration wiederum sprechen den Fachwissenschaftler:innen zuweilen ab, zu einer abgewogenen Darstellung willens und in der Lage zu sein. Nicht zuletzt, wenn ihnen der erfahrungsbasierte Zugang fehlt, heißt es, Forscher:innen würden sich nicht angemessen auf die biografischen Erfahrungen einlassen, die für die individuelle Identität der Erlebnisgeneration von Bedeutung waren und es bis heute sind".[41]

In einem Forschungszugang, der jene Personen beteiligt, um deren Erinnerungen es geht, oder der sich aus anderen, nicht-wissenschaftlichen Perspektiven mit Erinnerungen an die DDR und die Transformation auseinandersetzt, sahen und sehen wir im Erfurter Projektverbund ein großes Potential. Wir haben gemeinsam über die theoretische Fundierung im Anschluss an den symbolischen Interaktionismus, über ethische und geschichtspolitische Implikationen und natürlich über die praktische Anwendung dieses Ansatzes wie auch seine Begrenzungen nachgedacht, um die „Grenzen zwischen (Kommunikations-) Partnern zu beschreiben, die ‚aus verschiedenen Welten' kommen, die Rahmenbedingungen für einen Austausch über diese Grenzen hinweg genauer zu erfassen"[42] und in Möglichkeiten des Dialogs zu überführen – eines Dialogs, der sowohl den Austausch über Forschungsfragen als auch über Methoden und Ergebnisse einschließt und erinnerungstheoretisch reflektiert. Eine qualitativ privilegierte Position seitens der Wissenschaft kann es in diesem Kontext nicht geben, auch wenn Wissenschafter:innen eine spezifische Rolle in der Dialogsituation spielen, die die Mitglieder der Erfahrungsgruppe nicht ohne weiteres einnehmen können: nicht nur alle Quellen sind legitim, sondern auch, so Alexander Thumfart in einer internen Diskussion, der auktoriale Blick soll dezentriert und pluralisiert werden. Er sprach an anderer Stelle unter Bezug

41 Ebenda, S. 108.

42 Ebenda.

auf Überlegungen von Clifford Geertz[43] und Bernhard Waldenfels[44] von „Kultivierung einer forschenden ‚Haltung' (hexis), die Differenzen anerkennt und vereinheitlichende, den Anderen vereinnahmende Systematisierungen ablehnt und im Gegenzug alternative Perspektiven offenhält".[45] Das setzt bei allen Beteiligten auch die Bereitschaft und die Fähigkeit voraus, „sich auf Welt- und Geschichtsbilder einzulassen, die die eigenen Konventionen und Routinen auch irritieren oder verletzen können".[46]

In unterschiedlichen Formaten haben wir den Ansatz der partizipativen Erinnerungsforschung erprobt und weiterentwickelt, insbesondere in Interviews und Dialogforen mit interessierten Bürger:innen, Medienvertreter:innen oder auch Museumspädagog:innen. Das Projektteam um Alexander Thumfart musste dabei die Erfahrung machen, dass ein Austausch über „Trefforte des MfS" in diesen Foren eher vermieden wurde und auch Zeitzeug:innengespräche mit Wohnungsinhaber:innen der KWs, mit Nachbarn, Familienangehörigen oder Freunden bislang nicht zustande kamen – dies ist ein Desiderat im Feld der Erforschung der Treff- und Gegenorte. Die Perspektiven der Betroffenen auf diesen Forschungsgegenstand würden ihm vermutlich eine andere Färbung geben und neue Erkenntnisse ermöglichen, die die schriftlichen Quellen nicht zulassen. Die anderen Teilprojekte haben diesbezüglich andere Erfahrungen gemacht. Zum Thema „DDR-Heimatkundeunterricht" und die Grundschule vor und nach 1989 (Teilprojekt Tänzer) konnten und wollten beispielsweise viele aus eigenen Erfahrungen etwas sagen – ob als ehemalige Schüler:innen, als Eltern, Großeltern, als Pädagog:innen. Exemplarisch sei im Rahmen eines Dialogforums mit Museumspädagog:innen an eine lebhafte, wenn auch keineswegs konfrontative und nicht auflösbare Diskussion mit der Pädagogin erinnert, die einen Teil unseres Forschungsinteresses – die Thematisierung von DDR-Geschichte mit jungen Kindern heute – ablehnte, weil sie als

43 Clifford Geertz (1997), Spurenlesen. Der Ethnologe und das Entgleiten der Fakten. Aus dem Englischen übersetzt von Martin Pfeiffer, München: C.H.Beck.

44 Bernhard Waldenfels (1997), Studien zur Phänomenologie des Fremden. Topographie des Fremden, Frankfurt/M.: Suhrkamp, S. 79–81.

45 Thumfart (1999), Westliche Perzeptionsmuster, S. 197

46 Ganzenmüller/John/Kuller (2020), Die Ostdeutsche Erfahrung, S. 110.

langjährige Museumsleiterin des Schulmuseums die Erfahrung gemacht hatte, dass schon Jugendliche, so ihre Erzählung, „mit dem Zwiespalt zwischen den Aussagen ihrer Eltern und dem, was die Schule und das Schulmuseum zum Thema DDR ihnen zumutet, nur schwer zurecht kommen“ und dass man „bei Grundschulkindern einen solchen vorprogrammierten Konflikt mit den Eltern nicht provozieren“ solle. Das sind plausible Gründe, deren Wert hier und in vielen anderen Fällen in der Transparenz, Offenlegung und Wertschätzung unterschiedlicher Perspektiven und damit verbundener Selbstreflexionen auf beiden Seiten lag.

Ohne auf dieses Beispiel und seine praktischen Implikationen für den Forschungsprozess einzugehen, kommen wir noch einmal zur Frage zurück, warum es diesen Dialog im Projekt „Trefforte des MfS und Gegenorte in Erfurt“ so nicht gab – eine Frage, über die wir leider nicht mehr mit Alexander Thumfart diskutieren können. Sind es die in den 1990er Jahren umfassende wissenschaftliche und medienöffentlich in Dokumentationen, Fernsehfilmen und Büchern präsente Auseinandersetzung mit der Herrschaftsform der DDR, mit totalitären Strukturen, der Bespitzelung durch das MfS, die aus individueller Perspektive das Thema als „gesättigt“, als „abgegrast“ wahrnehmen lassen? Ist es ein „Nicht-mehr-darüber-reden-wollen“ oder „Nicht-mehr-darüber-reden-müssen-wollen“? Oder ist es ein „Nicht-darüber-reden-können“ – aus Scham, aus strafrechtlichen Gründen oder weil die individuelle Perspektive kontrastiv und unauflösbar im Widerspruch zum öffentlichen Geschichtsbild steht, was beim oben erwähnten Grundschulunterricht mit seiner selbstverständlich auch gegebenen politisch-ideologischen Durchdringung so weniger medienöffentlich verhandelt, nicht wahrgenommen oder nicht als maßgeblich betrachtet wird? Fühlen sich Bürger:innen nicht angesprochen, weil sie weder Repräsentant:innen von Treff- noch von Gegenorten waren, weil sie das Thema vermeintlich nicht betraf und betrifft, während über Schule jeder und jede zu sprechen vermag? Man kann diese und andere Begründungszusammenhänge noch weiterdenken und problematisieren, aber wir wollen es an dieser Stelle mit unseren Fragen belassen. Deutlich wird, dass im Ansatz der partizipativen Erinnerungsforschung Herausforderungen stecken, die die Gegenstände der Forschung im gesellschaftlichen Kontext selbst betreffen, das dahinterstehende Erkenntnisinteresse, aber auch die Sprache, die Begriffe, die wir Wissenschaftler:innen wählen, wenn wir in einen Dialog mit Nicht-Wissenschaftler:innen treten.

Schluss

Alexander Thumfart hat die Verständigung immer wieder betont, selbst wenn er durchaus auch Zweifel hatte, ob wir die dazu notwendigen Mittel und Wege gehen, ja, ob wir sie überhaupt gut genug kennen – in den Bildungsinstitutionen, in Universitäten und Forschungseinrichtungen, in der Gesellschaft. Aber er hat immer optimistisch daran festgehalten und schreibt in einer seiner letzten Veröffentlichungen: Versuchen sollten wir es, „unbedingt und immer wieder. Denn wir sind – um an Aristoteles zu erinnern – unhintergehbar politische Lebewesen, die über Sprache verfügen und miteinander beraten über das Gerechte und Ungerechte, Nützliche und Schädliche, Zuträgliche und Verwerfliche, das uns selbst betrifft".[47]. Er selbst hat dies verinnerlicht und praktiziert. Er hat daran immer festgehalten. Und das ist eines jener Dinge, die wir von ihm gelernt haben und die untrennbar mit seiner Person verbunden bleiben.

Quellenverzeichnis

BArch, MfS, BV Erfurt, AIM 1805/71 (IMK/KW „Engel")

BArch, MfS, BV Erfurt, AIM 374/89 (IMK/KW „Lilo Lindner")

BArch, MfS, BV Erfurt, Nr. 578/91 (KO „Achse")

BArch, MfS, BV Erfurt, Nr. 679/91 (IMK/KW „Marion Krebs")

BArch, MfS, BV Erfurt, Nr. 1174/91 (IMK/KW „Johannes")

BArch, MfS, BV Erfurt, KD Erfurt, Nr. 61 (IMK/KW) „Gertrud Charlottenburg")

BArch, MfS, BV Erfurt, KD Erfurt, Nr. 1685, Bd. 1

47 Thumfart (2021), Die politischen Institutionen, S. 369.

Beruflicher Lebenslauf von Alexander Thumfart

von der Website der Universität Erfurt

Akademische Ausbildung

- 1979–1984 Studium der Philosophie, Politischen Wissenschaft und Evangelischen Theologie in München und Augsburg.
- 1984 Magister Artium in Philosophie, Politischer Wissenschaft und Evangelischer Theologie an der Universität Augsburg.
- 1991 Rigorosum in Philosophie, Politische Wissenschaft und Evangelische Theologie an der Universität Augsburg. Dissertation: Die Perspektive und die Zeichen. Hermetische Verschlüsselungen bei Giovanni Pico della Mirandola (Fink-Verlag, 1996).
- 2000 Habilitation in Politikwissenschaft an der PH Erfurt. Habilitationsschrift: Die politische Integration Ostdeutschlands (Suhrkamp Verlag 2002).
- seit Mai 2009 Akademischer Oberrat auf Lebenszeit
- seit August 2011 apl. Prof. für Politikwissenschaft

Akademische Tätigkeiten

- 1986–1988 Wissenschaftlicher Mitarbeiter am Lehrstuhl für Philosophie der Universität Augsburg (Prof. Dr. Arno Baruzzi).
- 1989–1992 Wissenschaftlicher Bearbeiter des DFG-Projekts „Sprache und politische Institutionen" am Lehrstuhl für Politische Wissenschaft der Universität Augsburg (Prof. Dr. Theo Stammen) im Rahmen des DFG-Schwerpunktprogramms zur „Theorie politischer Institutionen".

- 1992–1994 Lehrbeauftragter für Philosophie an der Technischen Universität Ilmenau/Thüringen und für Politische Theorie an der Universität Augsburg.
- 1994–2000 Wissenschaftlicher Assistent am Lehrstuhl für Politische Theorie und Ideengeschichte der PH Erfurt (Prof. Dr. Arno Waschkuhn).
- Winter-/Sommer 2000/01 Vertretungsprofessur für Vergleichende Regierungslehre (Prof. Dr. Wolfgang Jäger) an der Albert-Ludwigs-Universität Freiburg/Brsg.
- ab Wintersemester 2001 Hochschuldozent für Politische Theorie an der Universität Erfurt, Staatswissenschaftliche Fakultät.
- Oktober 2005 – September 2006: Erfurt Fellow am Max-Weber-Kolleg der Universität Erfurt.
- Okt. 2006–Sept. 2008 Vertretungsprofessur Politische Theorie an der Universität Erfurt.
- seit Oktober 2008 Hochschuldozent für Politische Theorie an der Universität Erfurt.

Tätigkeit in der akademischen Selbstverwaltung

- Seit 2001 Mitglied in erweiterten Fakultätsrat der Staatswissenschaftlichen Fakultät der Universität Erfurt, Mitarbeit in verschiedenen Berufungsverfahren der Staatswissenschaftlichen Fakultät.
- seit März 2005 Mitglied des wissenschaftlichen Beirates des Forschungszentrums Erfurt-Gotha für kultur- und sozialwissenschaftliche Studien der Universität Erfurt.
- von Oktober 2009 bis Juni 2019 Beauftragter des Präsidiums der Universität Erfurt für das studium fundamentale.
- 2011–2014 Mitglied im Kommunalen Hochschul- und Studierendenbeirat der Stadt Erfurt.
- 2011–2017 Fachlicher Berater für Politikwissenschaft im Projekt NOW (Nachfrage- und adressatenorientierte akademische Weiterbildung an der Universität Erfurt).

- seit August 2012 berufenes Mitglied im wissenschaftlichen Beirat der Stiftung Ettersberg e.V.
- Dezember 2012 bis Oktober 2013 Vorsitzender des Senats- und Präsidiumsausschusses gegen gruppenbezogene Menschenfeindlichkeit.
- Von Oktober 2017 bis Juni 2019: Interims-Vorsitzender des stufu-Prüfungsausschusses.
- Seit Juni 2019 gewähltes Mitglied im Senat der Universität Erfurt.

Akademische Preise

- Sommersemester 2003: nominiert für Preis der guten Lehre an der Universität Erfurt.
- November 2005: Preis der guten Lehre in der Staatswissenschaftliche Fakultät.
- November 2007: 2x Preis der guten Lehre in den Kategorien: Großveranstaltungen und MA-Seminar.
- Oktober 2008: 2x 3. Platz Preis der guten Lehre in den Kategorien: BA-Seminar und MA-Seminar.
- Oktober 2009: Auszeichnung: Repräsentant der familienfreundlichen Universität.
- Seit 2011 zusammen mit den Kolleginnen Sandra Tänzer und Bettina Hollstein Initiator des und Akteur im mehrfach ausgezeichneten Innovationsnetzwerk Bildung für nachhaltige Entwicklung (InnoNet BNE).
- November 2018: Preis der guten Lehre (1. Platz) in der Kategorie Großveranstaltungen.
- November 2018: Preis der guten Lehre (2. Platz) in der Kategorie Kleine Lehrveranstaltungen.
- April 2020: Preis der guten Lehre (1. Platz) in der Kategorie Großveranstaltungen.
- November 2017 Auszeichnung als hervorragendes Netzwerk in der Bundesrepublik Deutschland vom Bundesministerium für Bildung und Wissenschaft sowie der Deutschen UNECO Kommission für

das Weltaktionsprogramm Bildung für Nachhaltige Entwicklung für das Innovationsnetzwerk BNE; http://www.uni-erfurt.de/projekt-innovationsnetzwerk-bne/ https://www. uni-erfurt.de/nachhaltigkeit/studium-fundamentale-sustainability/.

Ämter und Mitgliedschaften

- Von Mai 2004 bis Mai 2019 ehrenamtlicher Stadtrat in der Landeshauptstadt Erfurt für die Fraktion Bündnis90/Die Grünen, von 2014 bis 2019 als Fraktionsvorsitzender und Mitglied des Hauptausschusses und Ältestenrats.
- Von Mai 2004 bis Mai 2019 Mitglied im Kulturausschuss, von Mai 2004 bis Mai 2012 im Bau- und Verkehrsausschuss, von 2017 bis Mai 2019 Ausschuss zur Vorbereitung, Begleitung und Nachbereitung des BUGA-Ausschusses (Bundesgartenschau Erfurt 2021).
- Juni 2004 bis Mai 2014 Mitglied im Aufsichtsrat der Erfurter Verkehrsbetriebe (EVAG), von 2014 bis Mai 2019 Aufsichtsratsvorsitzender der Stadtwerke Erfurt Energie.
- Deutsche Vereinigung für Politische Wissenschaft: Sektion Politische Theorien und Ideengeschichte; Sektion Regierungssystem und Regieren in der Bundesrepublik Deutschland.
- Mitglied der Partei Bündnis90/Die Grünen.

Publikationsverzeichnis von Alexander Thumfart

Zusammengestellt auf der Basis des von Alexander Thumfart auf seiner Website veröffentlichten Publikationsverzeichnisses und nach seinem Tod aktualisiert, ohne Anspruch auf Vollständigkeit[1]

Monographien, Anthologien, Reader

Alexander Thumfart, Die Perspektive und die Zeichen. Hermetische Verschlüsselungen bei Giovanni Pico della Mirandola, München 1996 (Fink Verlag).

Alexander Thumfart, Staatsdiskurs und Selbstbewußtsein. Sprachlich-rhetorische Formen ihrer Institutionalisierung, Amsterdam 1996 (Gordon+Breach Verlag Fakultas).

Alexander Thumfart, Die politische Integration Ostdeutschland (Habilitationsschrift), Frankfurt/M. 2002 (Suhrkamp Verlag). [Teile des Buches Die politische Integration Ostdeutschlands sind in Koreanischer Übersetzung erschienen, Seoul 2007, 383 S.]

Alexander Thumfart/Arno Waschkuhn, Staatstheorien des italienischen Bürgerhumanismus. Politische Theorie von Francesco Petrarca bis Donato Giannotti, Baden-Baden 2005 (Nomos Verlag).

Alexander Thumfart, Diskurse der Würde. Sozial-philosophische Konzepte zur Fragilität menschlicher Existenz, Anfang 2012 (Suhrkamp Verlag).

Waschkuhn, Arno/Alexander Thumfart (Hrsg.), Politik in Ostdeutschland. Lehrbuch zur Transformation und Innovation, München-Wien 1999 (Oldenbourg Verlag).

Dornheim, Andreas/Winfried Franzen/Alexander Thumfart/Arno Waschkuhn (Hrsg.), Gerechtigkeit. Interdisziplinäre Grundlagen, Opladen-Wiesbaden 1999 (Westdeutscher Verlag).

1 Die Autor*innen dieses Bandes danken Till Holland, Studierender im MA „Global Communication: Politics and Society“ der Universität Erfurt und studentische Hilfskraft bei Prof. Hafez für die Unterstützung bei der Aktualisierung des Publikationsverzeichnisses.

Arno Waschkuhn/Alexander Thumfart (Hrsg.), Politisch-kulturelle Zugänge zur Weimarer Staatsdiskussion, Baden-Baden 2002 (Nomos Verlag).

Dorothee Kimmich/Alexander Thumfart (Hrsg.), Universität ohne Zukunft?, Frankfurt/M. 2004 (Suhrkamp Verlag).

Wolfgang Bergsdorf/Hans Hoffmeister/Alexander Thumfart/Wolf Wagner (Hrsg.), Die Osterweiterung der Europäischen Union, Weimar 2005.

Gisela Riescher/Alexander Thumfart (Hrsg.), Monarchien. Eine Einführung, Baden-Baden, Anfang 2008 (Nomos-Verlag).

Scherzberg, Arno (Hrsg.) in Verbindung mit Tilmann Betsch/Helge Peukert/Alexander Thumfart/Peter Walgenbach/Gerhard Wegner (Hrsg.), Klugheit. Begriff – Konzepte – Anwendungen, Tübingen 2008 (Mohr-Siebeck).

Arno Scherzberg/Hermann-Josef Blanke/Gerhard Wegner (Hrsg.) in Verbindung mit Jürgen Backhaus, Hans-Friedrich Müller, Helge Peukert, Christian Seiler und Alexander Thumfart, Dimensionen des Wettbewerbs – Europäische Integration zwischen Eigendynamik und politischer Gestaltung, Tübingen 2010 (Mohr-Siebeck).

Moritz Brunn/Frank Ettrich/Jan H. Fahlbusch/Raj Kollmorgen/Thees Spreckelsen/Alexander Thumfart (Hrsg.), Transformation und Europäisierung. Eigenarten und (Inter-)Dependenzen von postsozialistischem Wandel und Europäischer Integration Münster 2010 (LIT-Verlag).

Alexander Thumfart (Hrsg.), Wege in eine andere Gesellschaft. Was kommt nach dem Wachstum? Erfurt 2012 (46-seitige Dokumentation der Ringvorlesung von 2012, abrufbar unter: www.uni-erfurt.de/ringvorlesungen/fruehere-ringvorlesungen/ss2012).

Bettina Hollstein/Sandra Tänzer/Alexander Thumfart (Hrsg.), Gärten. Von der Naturbeherrschung zur gesellschaftlichen Utopie, Göttingen 2022 (Wallstein Verlag).

Aufsätze

Alexander Thumfart, Rhetorische Sprache – Ein Kriterium zur Differenzierung von politischen und sozialen/soziologischen Institutionenbegriffen, in: Gerhard Göhler (Hrsg.), Die Eigenart der Institutionen. Zum Profil politischer Institutionentheorie, Baden-Baden 1994, S. 203–223.

Alexander Thumfart, Karl Kraus. Die Zeit des Narren, in: Neue Gesellschaft/Frankfurter Hefte 7/1995, S. 648–654.

Alexander Thumfart/Arno Waschkuhn: Die Zivilgesellschaft als Substrat und Surrogat in der deliberativen Demokratieauffassung von Jürgen Habermas, in: perspektiven ds, 3/1995, S. 197–207.

Alexander Thumfart, Apokalypse und Erlösung. Descartes' schwarzer Vogel: Die Krähe (The Crow), in: Wilhelm Hofmann (Hrsg.), Sinnwelt Film. Beiträge zur interdisziplinären Filmanalyse, Baden-Baden 1996a, S. 39–54.

Alexander Thumfart, Westliche Perzeptionsmuster, Zeit, das Fremde und Eigene in den neuen Bundesländern, in: Berliner Debatte INITIAL, 3/1996b, S. 51–58.

Alexander Thumfart, Zirkulation: Versuch, die philosophische „Krise der Repräsentation" in den politischen Diskurs einzuführen, in: Zeitschrift für Politik, 44. Jg. (Neue Folge), 2/1997, S. 184–207.

Alexander Thumfart, Stufen der Ironie. Regeln höflichen Sprechens im 17./18. Jahrhundert, in: Dirk Berg-Schlosser/Gisela Riescher/Arno Waschkuhn (Hrsg.), Politikwissenschaftliche Spiegelungen. Ideendiskurse – Institutionelle Fragen – Politische Kultur und Sprache: Festschrift für Theo Stammen zum 65. Geburtstag, Opladen 1998a, S. 261–272.

Alexander Thumfart, Visio Dei. Foundations of Religious Tolerance in the Renaissance, in: Proceedings of the 5th ISSEI-Conference, MIT-Press Cambridge/Mass. (CD-Rom) 1998b, S. 1359–1368.

Alexander Thumfart, Vordenker Europas, in: Joachim Badelt/Michael Strübel/Alexander Thumfart/Arno Waschkuhn (Hrsg.), Erfurter politische Diskurse, Heft 1/1998c, S. 4–11.

Alexander Thumfart/Waschkuhn, Das ambivalente Staatsverständnis in den Gesellschaftstheorien von Jürgen Habermas, IfS-Nachrichten, hrsg. v. Rüdiger Voigt (Institut für Staatswissenschaften, Universität der Bundeswehr), Heft 8, München 1998, 36 S.

Alexander Thumfart, Westliche Perzeptionsmuster, das Fremde und der Wandel in den neuen Bundesländern. Von der Modernisierung „to something else", in: Arno Waschkuhn/Alexander Thumfart (Hrsg.), Politik in Ostdeutschland. Lehrbuch zur Transformation und Innovation, München-Wien 1999a, S. 185–266.

Alexander Thumfart, Kritische Gerechtigkeitstheorien und Ungerechtigkeit im Transformationsprozeß, in: Andreas Dornheim/Winfried Franzen/Alexander Thumfart/

Arno Waschkuhn (Hrsg.), Gerechtigkeit. Interdisziplinäre Grundlagen, Opladen-Wiesbaden 1999b, S. 208–248.

Alexander Thumfart, (Un)Gerechtigkeitsgefühle und Selbstvorstellungen im Gerechtigkeitsdiskurs bei Michael Walzer und Richard Rorty, in: Herfried Münkler/Markus Llanque (Hrsg.), Konzeptionen der Gerechtigkeit, Baden-Baden 1999c, S. 327–346.

Alexander Thumfart, Readings on Cabbala. Giovanni Pico della Mirandola, in: Judit Targarona Borrás/Angel Sáenz-Badillos (eds.), Jewish Studies at the Turn of the Twentieth Century. Proceedings of the 6th EAJS Congress Toledo, July 1998: Volume II: Judaism from the Renaissance to Modern Times, Leiden-Boston-Köln 1999d, S. 83–90.

Alexander Thumfart/Arno Waschkuhn, Projekt Politik in Ostdeutschland: Einleitung, in: dies. (Hrsg.), Politik in Ostdeutschland. Lehrbuch zur Transformation und Innovation, München-Wien 1999e, S. 7–37.

Alexander Thumfart/Andreas Dornheim/Winfried Franzen/Arno Waschkuhn, Zur Plurivalenz von Gerechtigkeitsdiskursen – Ein Problemaufriß, in: dies. (Hrsg.), Gerechtigkeit. Interdisziplinäre Grundlagen, Opladen-Wiesbaden 1999 f, S. 745.

Alexander Thumfart, Das Verlachen der gefährlichen Theologen, in: Wolfgang Bergsdorf/Hans Hoffmeister (Hrsg.), Große Denker Erfurts. 15 Vorlesungen zur Geistesgeschichte Erfurts, Arnstadt-Weimar 2001, S. 107–117.

Alexander Thumfart, „Die Rückkehr des Fatalismus". Ernst Cassirers politische Kulturtheorie zum Ende der Weimarer Republik, in: Arno Waschkuhn/Alexander Thumfart (Hrsg.), Politisch-kulturelle Zugänge zur Weimarer Staatsdiskussion, Baden-Baden 2002, S. 99–134.

Alexander Thumfart, Ulrich von Hutten und Crotus Rubianus, die Verfasser der Dunkelmännerbriefe, in: Dietmar von der Pfordten (Hrsg.), Große Denker Erfurts und der Erfurter Universität, Freiburg 2002, S. 184–220.

Alexander Thumfart, Politische Kultur in Ostdeutschland, in: Aus Politik und Zeitgeschichte, B 39–40/2001, S. 6–14 (wieder abgedruckt in: Rissener Rundbrief 2/3 2002, S. 35–48).

Alexander Thumfart, Führungsgruppen und die politische Integration Ostdeutschlands, Graue Reihe des Instituts für Soziologie der Universität Halle-Wittenberg, 3/2002, 28 S.

Alexander Thumfart/Arno Waschkuhn, Einleitung: Staatsverständnis und Weltwahrnehmung im Zeichen der kulturalistischen Wende, in: Arno Waschkuhn/Alexander Thumfart (Hrsg.), Politisch-kulturelle Zugänge zur Weimarer Staatsdiskussion, Baden-Baden 2002, S. 7–19.

Alexander Thumfart/Arno Waschkuhn, „Vielheitlich bewirkt“ und „einheitlich wirkend“ – Der Staat als Kulturprodukt und Metainstitution in den Konzeptionen von Hermann Heller, in: Arno Waschkuhn/Alexander Thumfart (Hrsg.), Politisch-kulturelle Zugänge zur Weimarer Staatsdiskussion, Baden-Baden 2002, S. 43–77.

Alexander Thumfart, Das Ethos der Selbstbegrenzung, in: Erwägen – Wissen – Ethik (vormals Ethik und Sozialwissenschaften. Streitforum für Erwägungskultur), 14. Jg., 2/2003, S. 300–303.

Alexander Thumfart, Politische Kultur, Tugend und Gerechtigkeit, in: Jutta Allmendinger (Hrsg.), Entstaatlichung und soziale Sicherheit. Verhandlungen des 31. Kongresses der Deutschen Gesellschaft für Soziologie in Leipzig 2002, 2 Bde. + CD-Rom, Opladen 2003.

Alexander Thumfart, Transformation und politische Integration Ostdeutschlands, in: Vorgänge. Zeitschrift für Bürgerrechte und Gesellschaftspolitik, 42. Jg., Heft 161, 1/2003, S. 31–40.

Alexander Thumfart, Ostdeutschland als Gegenwart einer gemeinsamen Zukunft. Ein Laborversuch, in: Tanja Busse/Tobias Dürr (Hrsg.), Das neue Deutschland. Die Zukunft als Chance, Berlin 2003, S. 136–158.

Alexander Thumfart, Kommunen in Ostdeutschland – der schwierige Weg zur „Bürgerkommune“, in: Ansgar Klein/Kristine Kern/Brigitte Geißel/Maria Berger (Hrsg.), Zivilgesellschaft, Demokratie und Sozialkapital. Herausforderungen politischer und sozialer Integration, Opladen (Leske+Budrich) 2004, S. 65–84.

Alexander Thumfart, Bürgerschaftliches Engagement in den Kommunen – Erfahrungen aus Ostdeutschland, Arbeitskreis der Friedrich-Ebert-Stiftung: Bürgergesellschaft und aktivierender Staat, Reihe „betrifft: Bürgergesellschaft“, Heft 04, 20 S.

Alexander Thumfart, Gerechtigkeit und Anerkennung, in: Hans-Helmuth Gander (Hrsg.), Anerkennung. Zu einer Kategorie gesellschaftlicher Praxis, Würzburg 2004, S. 157–168.

Alexander Thumfart, „Wir sind das Volk. Wozu noch Parteien?“, Artikel zur Analyse der neuen Montagsdemonstrationen, in: DIE ZEIT vom 2. September 2004, S. 40.

Alexander Thumfart, Die Würde des Menschen. Giovanni Pico della Mirandola, Gianozzo Manetti, Albrecht Dürer und Avishai Margalit, in: Zeitschrift für Politik, 51. Jg., 4/2004, S. 432–452.

Alexander Thumfart/Dorothee Kimmich, Universität und Wissensgesellschaft. Was heißt Autonomie für die moderne Hochschule?, in: Dorothee Kimmich/Alexander Thumfart (Hrsg.), Universität ohne Zukunft?, Frankfurt/M. 2004, S. 7–35.

Alexander Thumfart, Diskurs und Empathie. Denkstile und Idealtypen der Staatsbegründung, in: Franz-Wilhelm Neumann (Hrsg.) Wandel des Sehens im Wandel der Ansichten. Studien zu Perzeption und Wahrnehmung. Zu Ehren von Hans-Wolfgang Schaller, Trier 2006, S. 17–24.

Alexander Thumfart, Demokratie, Politische Kultur und Demokratiezufriedenheit in Ost- und Westdeutschland. Konzepte und empirische Ergebnisse, in: Eugenie von Trützschler/Emil Voráček (Hrsg.), Politische Kultur. Deutschland – Tschechien. Politická kultura. Německo – Česká republika (dt.-tschechisch), Praha 2004, S. 110–142.

Alexander Thumfart, Die Bildung einer Haltung der Gerechtigkeit, in: Christoph Lienkamp/Ian Kaplow (Hrsg.), Sinn für Ungerechtigkeit. Ethische Argumentationen im globalen Kontext, Baden-Baden 2005, S. 165–177.

Alexander Thumfart, Gewerkschaften, Tarifverträge und Betriebe. Die versuchte Übernahme bundesdeutscher Korporatismus-Modelle und ihre Folgen in der Arbeitswelt, in: Hannes Bahrmann/Christoph Links (Hrsg.), Am Ziel vorbei. Die deutsche Einheit – Eine Zwischenbilanz, Berlin 2005, S. 161–179.

Alexander Thumfart, Abschied vom Grundsätzlichen. Politik und die Ästhetik der Relation bei Hermann Heller, in: Dorothee Kimmich/Frank Grunert (Hrsg.), ‚Denken durch die Dinge'. Siegfried Kracauer im ästhetisch-philosophischen Diskurs der Zwanziger Jahre, Frankfurt/M. 2008.

Alexander Thumfart, Transfer, Transformation und kommunale Demokratie in Ostdeutschland, in: Brunn, Moritz/Frank Ettrich/Jan H. Fahlbusch/Raj Kollmorgen/Thees Spreckelsen/Alexander Thumfart (Hrsg.), Transformation und Europäisierung, Münster 2010, S. 143–168.

Alexander Thumfart, Bhutan, in: Gisela Riescher/Alexander Thumfart (Hrsg.), Monarchien, Baden-Baden 2008, S. 42–52.

Alexander Thumfart, Nepal, in: Gisela Riescher/Alexander Thumfart (Hrsg.), Monarchien, Baden-Baden 2008, S. 196–208.

Alexander Thumfart/Gisela Riescher, Einleitung, in: dies. (Hrsg.), Monarchien, Baden-Baden 2008, S. 7–9.

Alexander Thumfart, Giannozzo Manetti: „Wir sind für die Gerechtigkeit geboren". Der Entwurf einer politisch-sozialen Würde des Menschen, in: Rolf Gröschner/Stephan Kirste/Oliver Lembcke (Hrsg.), Des Menschen Würde, Tübingen 2008, S. 73–92.

Alexander Thumfart, Föderalismusreform in der Bundesrepublik Deutschland, in: Eugenie von Trützschler/Emil Voráček (Hrsg.), Politische Kultur. Politická Kultura II, Praha 2007, S. 189–204.

Alexander Thumfart, Minderheitenschutz, Gewaltenteilung und Zivilgesellschaft, in: Eugenie von Trützschler/Emil Voráček (Hrsg.), Politische Kultur. Politická Kultura II, Praha 2007, S. 42–46.

Alexander Thumfart, Bürgergesellschaft und Demokratie im kommunalen Raum, in: Stiftung Demokratische Jugend in Kooperation mit dem Bundesnetzwerk Bürgerschaftliches Engagement (BBE) (Hrsg.), Demokratiepotenziale im Gemeinwesen, Berlin 2007, S. 19–26.

Alexander Thumfart, Bilanz der Einigungsbilanzen. Forschungs- und Meinungskonjunkturen der letzten 15 Jahre (Literaturbericht zur Transformation Ostdeutschlands), in: Politische Vierteljahresschrift (PVS), 48. Jg., 3/2007, S. 564–583.

Alexander Thumfart, Anschlussfähigkeit. Zur Bestimmung politikwissenschaftlichen Denkens, in: Michael Strübel (Hrsg.), Politische Theorie und Staatswissenschaften, Berlin 2008, S. 105–124.

Alexander Thumfart, Ingenium – Würde – Institution. Ambivalenzen einer klugheitstheoretischen Würdekonzeption, in: Hans Joas/Matthias Jung (Hrsg.), Politik und Recht im Kreuz der Entscheidung. Beiträge zur Urteilstheorie von Winfried Brugger, Baden-Baden 2008, S. 51–66.

Alexander Thumfart, Wir sind das Volk. Wofür noch Parteien?, in: Jürgen Kochendörfer (Hrsg.), Geschichte und Geschehen. Jahrgangsstufe 12/13, München 2008

Alexander Thumfart, Staat, Integration und Solidarität. Dynamische Grundbegriffe im Staatsverständnis von Jürgen Habermas, in: Gary S. Schaal (Hrsg.), Staatsverständnis von Jürgen Habermas, Baden-Baden 2009, S. 81–108.

Alexander Thumfart, Die Krise als Hochzeit der politischen Theorie, in: Frank Ettrich/Wolf Wagner (Hrsg.), Krise und ihre Bewältigung in Wirtschaft, Finanzen, Gesellschaft, Medizin, Klima, Geschichte, Moral, Bildung und Politik (Ringvorlesung der Universität Erfurt/Fachhochschule Erfurt), Münster 2010, S. 119–146.

Alexander Thumfart, Transfer, Transformation und kommunale Demokratie in Ostdeutschland, in: Moritz Brunn/Jan H. Fahlbusch/Raj Kollmorgen/Thees Spreckelsen/Alexander Thumfart (Hrsg.), Transformation und Europäisierung. Eigenarten und (Inter-)Dependenzen von postsozialistischem Wandel und Europäischer Integration Münster 2010, S. 131–154.

Alexander Thumfart/Hermann-Josef Blanke, Generalbericht, in: Arno Scherzberg/Hermann-Josef Blanke/Alexander Thumfart/Gerhard Wegner, Dimensionen des Wettbewerbs – Europäische Integration zwischen Eigendynamik und politischer Gestaltung, Tübingen 2010, S. 1–49.

Alexander Thumfart, Wettbewerb und Hochschulen im Bologna-Raum: Transformation der europäischen höheren Bildungsinstitute?, in: Arno Scherzberg/Hermann-Josef Blanke/Gerhard Wegner (Hrsg.), Dimensionen des Wettbewerbs – Europäische Integration zwischen Eigendynamik und politischer Gestaltung, Tübingen 2010, S. 481–496.

Alexander Thumfart, Die Schule der Gerechtigkeit. Bildung, Ausbildung, Universitäten im Gerechtigkeitsdiskurs Michael Walzers, in: Karl-Heinz Nusser, Diskussionsband zu Michael Walzer, Baden-Baden 2011, S. 249–286.

Alexander Thumfart, Wahlergebnisse rechtsradikaler Parteien in Thüringen, Sachsen und Sachsen-Anhalt, in: Heinrich Böll Stiftung/Mobile Beratung in Thüringen für Demokratie (Hrsg.), Nazis in Parlamenten. Eine Bestandsaufnahme und kritische Analyse aus Thüringen, Berlin-Erfurt 2011, S. 15–25.

Alexander Thumfart, Die große Transformation. Wege der Transformationsforschung: von regional zu global, in: Astrid Lorenz (Hrsg.), Ostdeutschland und die Sozialwissenschaften. Bilanz und Perspektiven 20 Jahre nach der Wiedervereinigung, Opladen-Berlin-Farmington Hills 2011, S. 225–243.

Alexander Thumfart, Im Gitternetz. Das post-moderne Wissen unterm Bologna-Modul, in: Uwe Hochmuth/Michael Mangold (Hrsg.), Bildung ungleich Humankapital. Symposium über die Ökonomisierung im Bildungswesen, München 2012, S. 93–111.

Alexander Thumfart, Niemandes Willkür unterworfen sein. Eine Politische Theorie des Republikanismus, in: Arno Scherzberg (Hrsg.), 10 Jahre Staatswissenschaftliche Fakultät. Erfurter Beiträge zu den Staatswissenschaften 9, Berlin-Boston 2012, S. 205–217.

Alexander Thumfart, Vergiftete Atmosphären. Klimawandel, Klimakriege und eine neue Politik, in: Christiane Heibach (Hrsg.), Atmosphären. Dimensionen eines diffusen Phänomens, München 2012, S. 119–154.

Alexander Thumfart, Studium fundamentale: Sustainability. Projektarbeit im Geflecht Universität, Stadt und Praxispartnern, in: Lehrkolleg Gutenberg (Hrsg.), Emphasis on Skills. Teaching is Touching the Future, Bielefeld 2014, S. 243–256.

Alexander Thumfart, Produktive Zweifel: Politische Tugendreflexion im Bürgerhumanismus, in: Stefano Saracino/Manuel Knoll (Hrsg.), Das Staatsdenken der Renaissance – Vom gedachten zum erlebten Staat, Baden-Baden 2013, S. 91–116.

Alexander Thumfart, Breaking Routine and Adjusting Anew: Elections, Persons, Local Politics, in: John von Heyking/Thomas Heilke (Hrsg.), The Primacy of Persons in Politics. Empiricism & Political Philosophy, Washington D.C. 2013, S. 171–206.

Alexander Thumfart, Rhetorische Epistemologie der Wissenschaften, in: Rhetorica. A Journal of the History of Rhetoric, Vol. 31/2, California 2013, S. 199–219.

Bettina Hollstein/Sandra Tänzer/Alexander Thumfart (Hrsg.), InnoNet. Bildung für nachhaltige Entwicklung: Gemeinsam Nachhaltigkeit gestalten, Erfurt 2013.

Alexander Thumfart, Frank R. Pfetsch, Theoretiker der Politik, in: Uwe Backes/Alexander Gallus/Eckhard Jesse (Hrsg.), Jahrbuch Extremismus & Demokratie (E & D), Jg. 2013, Baden-Baden 2013.

Alexander Thumfart, Macht und Politik, in: Manuel Knoll/Michael Spiker (Hrsg.), Michael Walzer Sphären der Gerechtigkeit. Ein kooperativer Kommentar, Stuttgart 2014, S. 225–242.

Alexander Thumfart, Giovanni Pico della Mirandola, in: Winfried Böttcher (Hrsg.), Klassiker des europäischen Denkens. Friedens- und Europavorstellungen aus 700 Jahren europäischer Kulturgeschichten, Baden-Baden 2014, S. 96–109.

Alexander Thumfart, Dialog als Lebensform – Literarische Verständigungsdiskurse bei Petrarca, Bracciolini, Pico della Mirandola und Giannotti, in: Oliver Hidalgo/Kai Nonnenmacher (Hrsg.), Politisches Denken und literarische Form, Wiesbaden 2015, S. 181–202.

Bettina Hollstein/Sandra Tänzer/Alexander Thumfart (Hrsg.), Schlüsselelemente einer nachhaltigen Entwicklung: Haltungen, Bildung, Netzwerke (Heft 1, 16. Jg. Der Zeitschrift für Wirtschafts- und Unternehmensethik), Berlin 2015.

Alexander Thumfart, Schweigen – Verschweigen, in: Annegret Schüle et al. (Hrsg.), Schweigen oder Sprechen – Wie wir mit Geschichte umgehen, Weimar/Erfurt 2015, S. 44–50.

Alexander Thumfart, Nachhaltige Städte. Städte und Nachhaltigkeit, in: Evamarie Blattner/Wiebke Ratzeburg (Hrsg.), Hinter der Fassade. Tübinger Altstadtgeschichten, Tübingen 2016, S. 34–47.

Alexander Thumfart, Dort ist der Verrat, und hier ist das Volk. Warum gibt es so viel Rechtspopulismus in den neuen Bundesländern? in: Süddeutsche Zeitung vom 18. Juli 2016, S. 9.

Alexander Thumfart, Von Dieben und Räuberbanden: Wiedergänger in der politischen Theorie der Moderne, in: Andreas Gerlach/Dorothee Kimmich (Hrsg.), Diebstahl! Zur Kulturgeschichte eines Kulturgründungsmythos, Paderborn-Amsterdam 2017, S. 41–65.

Alexander Thumfart, Giovanni Botero, in: Winfried Böttcher (Hrsg.), Europas vergessene Visionäre, Baden-Baden (Nomos) 2019

Alexander Thumfart, Federico Chabod, in: Winfried Böttcher (Hrsg.), Europas vergessene Visionäre, Baden-Baden (Nomos) 2019

Alexander Thumfart/Marian Herzog, Von heißen Kartoffeln und einem Panoptikum: Die Logiken von Überwachung und Ungewissheit, veröffentlicht im Rahmen des Forschungsverbunds Diktaturerfahrung + Transformation am 27. April 2020, https://verbund-dut.de/workspace/dokumente/heisse-kartoffeln_das-panoptikum_dut.pdf

Alexander Thumfart (2021), Die politischen Institutionen als Garanten der Demokratie?, in: Ilko-Sascha Kowalczuk/Frank Ebert/Holger Kulick (Hrsg.), (Ost)Deutschlands Weg, 35 weitere Studien, Prognosen & Interviews, Teil II – Gegenwart und Zukunft, Berlin/Bonn: Bundeszentrale für politische Bildung, S. 359–376.

Lexikon-Artikel

Alexander Thumfart, Donato Giannotti, in: Theo Stammen/Gisela Riescher/Wilhelm Hofmann (Hrsg.), Hauptwerke der politischen Theorie, Stuttgart 1997, S. 159–161

Alexander Thumfart, Antonio Gramsci, in: Theo Stammen/Gisela Riescher/Wilhelm Hofmann (Hrsg.), Hauptwerke der politischen Theorie, Stuttgart 1997, S. 161–163

Alexander Thumfart, David Hume, in: Theo Stammen/Gisela Riescher/Wilhelm Hofmann (Hrsg.), Hauptwerke der politischen Theorie, Stuttgart 1997, S. 226–232

Alexander Thumfart, Coluccio Salutati, in: Theo Stammen/Gisela Riescher/Wilhelm Hofmann (Hrsg.), Hauptwerke der politischen Theorie, Stuttgart 1997, S. 427–431.

Alexander Thumfart, Endogenität/Exogenität, in: Martin Greiffenhagen/Sylvia Greiffenhagen (Hrsg.), Handwörterbuch zur Politischen Kultur der Bundesrepublik Deutschland, 2. völlig überarb. u. aktualisierte Aufl. Wiesbaden 2002, S. 102–110.

Alexander Thumfart, Artikel zu Raymond Aron, in: Gisela Riescher (Hrsg.), Politische Theorien der Gegenwart, Stuttgart 2004, S. 25–28.

Alexander Thumfart, Norberto Bobbio, in: Gisela Riescher (Hrsg.), Politische Theorien der Gegenwart, Stuttgart 2004, S. 59–62.

Alexander Thumfart, Manuel Castells, in: Gisela Riescher (Hrsg.), Politische Theorien der Gegenwart, Stuttgart 2004, S. 85–88.

Alexander Thumfart, Herbert Marcuse, in: Gisela Riescher (Hrsg.), Politische Theorien der Gegenwart, Stuttgart 2004, S. 315–318.

Alexander Thumfart, Adam Przeworski, in: Gisela Riescher (Hrsg.), Politische Theorien der Gegenwart, Stuttgart 2004, S. 393–396.

Alexander Thumfart, John Rawls, in: Gisela Riescher (Hrsg.), Politische Theorien der Gegenwart, Stuttgart 2004, S. 396–401.

Alexander Thumfart, Humanismus, in: Stefan Gosepath/Wilfried Hinsch/Beate Rössler (Hrsg.), Handbuch der politischen Philosophie und Sozialphilosophie, Bd. 1, Berlin-New York 2008, S. 510–515.

Alexander Thumfart, Dante Alighieri, in: Stefan Gosepath/Wilfried Hinsch/Beate Rössler (Hrsg.), Handbuch der politischen Philosophie und Sozialphilosophie, Bd. 1, Berlin/New York 2008, S. 197–199.

Alexander Thumfart, Artikel Erasmus von Rotterdam, in: Stefan Gosepath/Wilfried Hinsch/Beate Rössler (Hrsg.), Handbuch der politischen Philosophie und Sozialphilosophie, Bd. 1, Berlin/New York 2008, S. 281–282.

Alexander Thumfart, Repräsentation, in: Stefan Gosepath/Wilfried Hinsch/Beate Rössler (Hrsg.), Handbuch der politischen Philosophie und Sozialphilosophie, Bd. 2, Berlin-New York 2008, S. 1113–1117.

Alexander Thumfart, Avishai Margalit, in: Theo Stammen/Gisela Riescher/Wilhelm Hofmann (Hrsg.), Hauptwerke der politischen Theorie, Stuttgart 2007, S. 345–349.

Alexander Thumfart, Dante Alighieri, in: Rüdiger Voigt/Ulrich Weiß (Hrsg.), Handbuch Staatsdenker, Stuttgart 2010.

Alexander Thumfart, Artikel zu Erasmus von Rotterdam, in: Rüdiger Voigt/Ulrich Weiß (Hrsg.), Handbuch Staatsdenker, Stuttgart 2010.

Alexander Thumfart, Artikel zu Etienne de La Boétie, in: Rüdiger Voigt/Ulrich Weiß (Hrsg.), Handbuch Staatsdenker, Stuttgart 2010.

Alexander Thumfart, Artikel zu Francesco Petrarca, in: Rüdiger Voigt/Ulrich Weiß (Hrsg.), Handbuch Staatsdenker, Stuttgart 2010.

Alexander Thumfart, Artikel zu Richard Rorty, in: Rüdiger Voigt/Ulrich Weiß (Hrsg.), Handbuch Staatsdenker, Stuttgart 2010.

Alexander Thumfart, Giannozzo Manetti, in: Rolf Gröschner/Antje Kapust/Oliver W. Lembcke (Hrsg.), Wörterbuch der Würde, München 2013.

Alexander Thumfart, Gesellschaftlicher Humanismus (Margalit), in: Rolf Gröschner/Antje Kapust/Oliver W. Lembcke (Hrsg.), Wörterbuch der Würde, München 2013.

Alexander Thumfart, Giannozzo Manetti, in: Rolf Gröschner/Antje Kapust/Oliver W. Lembcke (Hrsg.), Wörterbuch der Würde, München 2013, S. 28–29.

Alexander Thumfart, Gesellschaftlicher Humanismus: Avishai Margalit, in: Rolf Gröschner/Antje Kapust/Oliver W. Lembcke (Hrsg.), Wörterbuch der Würde, München 2013, S. 74–76.

Alexander Thumfart, John Bordley Rawls: A Theory of Justice, in: Samuel Salzborn (Hrsg.), Klassiker der Sozialwissenschaften. 100 Schlüsselwerke im Portrait, Wiesbaden 2014, S. 257–261.

Alexander Thumfart, John Bordley Rawls: A Theory of Justice, in: Samuel Salzborn (Hrsg.), Klassiker der Sozialwissenschaften. 100 Schlüsselwerke im Portrait, Wiesbaden 2016, S. 285–289.

Alexander Thumfart, John Bordley Rawls: A Theory of Justice, in: Samuel Salzborn (Hrsg.), Klassiker der Sozialwissenschaften. 111 Schlüsselwerke im Portrait, Wiesbaden 2021.

Rezensionen, Kongreßberichte

Alexander Thumfart, Ulrich Steinvorth, Freiheitstheorien in der Philosophie der Neuzeit, Darmstadt 1987, in: Politische Vierteljahresschrift, 31. Jg., 1/1989, S. 163–166.

Alexander Thumfart, Kongreßbericht: Augsburg-Zagreber philosophische Gespräche, in: Synthesis Philosophica Vol. 6/2 Zagreb 1988, S. 664–668.

Alexander Thumfart, Kongreßbericht: Augsburg-Zagreber philosophische Gespräche, in: Filozofska Istrazivanja, 38/39, Zagreb 1989, S. 1536–1538.

Alexander Thumfart, Heinrich Reinhardt, Freiheit zu Gott. Der Grundgedanke des Systematikers Giovanni Pico della Mirandola (1463–1494), Weinheim 1989, in: Philosophisches Jahrbuch 2/1991, S. 416–419.

Alexander Thumfart, Coluccio Salutati, Vom Vorrang der Jurisprudenz oder der Medizin. De nobilitate legum et medicinae, lat.-dt., hrsg. v. Ernesto Grassi und Eckard Kessler, München 1990, in: Philosophisches Jahrbuch 2/1993, S. 418–420.

Alexander Thumfart, Giovanni Battista Vico, Prinzipien einer neuen Wissenschaft über die gemeinsame Natur der Völker, 2 Tbd., hrsg. v. Vittorio Hösle und Christian Jermann, Hamburg 1990, in: Philosophisches Jahrbuch 1/1994, S. 198–202.

Alexander Thumfart, Dante Alighieri, Das Schreiben an Cangrande della Scala, lat.-dt., Philosophische Werke I, übers., eingel. u. kommentiert v. Thomas Ricklin, m. e. Vorwort v. Ruedi Imbach, Hamburg 1993, in: Philosophisches Jahrbuch 2/1995, S. 432–434.

Alexander Thumfart, Dante Alighieri, Abhandlung über das Wasser und die Erde, lat.-dt., Philosophische Werke 2, übers., eingel. u. kommentiert v. Dominik Perler, Hamburg 1994, in: Philosophisches Jahrbuch 2/1995, S. 434–436.

Alexander Thumfart, Francesco Petrarca, Über seine und vieler anderer Unwissenheit. De ipsius et multorum ignorantia, lat.-dt., hrsg. v. K. Kubusch, eingel. v. August Buck, Hamburg 1993, in: Philosophisches Jahrbuch 1/1996, S. 201–203.

Alexander Thumfart, Joachim Gessinger, Auge und Ohr. Studien zur Erforschung der Sprache am Menschen 1700–1850, Berlin 1994, in: Philosophisches Jahrbuch 2/1996, S. 406–408.

Alexander Thumfart, Jürgen Trabant, Neue Wissenschaft von alten Zeichen: Vicos Sematologie, Frankfurt/M. 1994, in: Philosophisches Jahrbuch 2/1996, S. 404–406.

Alexander Thumfart, Stephen Holmes, Die Anatomie des Antiliberalismus, Hamburg 1995, in: Politische Vierteljahresschrift, 38. Jg., 1/1997, S. 182–184.

Alexander Thumfart, David Jordan, Die Neuerschaffung von Paris. Baron Haussmann und seine Stadt, Frankfurt/M. 1996, in: Zeitschrift für Politik, 45. Jg. (Neue Folge), 3/1998, S. 345–347.

Alexander Thumfart, Eckhard Jesse (Hrsg.), Totalitarismus im 20. Jahrhundert. Eine Bilanz der internationalen Forschung, in: Zeitschrift für Politik, 45. Jg. (Neue Folge), 3/1998, S. 338–340.

Alexander Thumfart, Arno Baruzzi, Philosophie der Lüge, in: Philosophisches Jahrbuch 1/1998, S. 229–231.

Alexander Thumfart, David Runciman, Pluralism and the Personality of the State, Cambridge 1997, in: Philosophisches Jahrbuch 2/1999, S. 279–281.

Alexander Thumfart, Nuccio Ordine, Giordano Bruno und die Philosophie des Esels, München 1999, in: Philosophisches Jahrbuch 1/2000, S. 236–237.

Alexander Thumfart, Theo Stammen, Studien zum politischen Denken des Humanismus, in: Philosophisches Jahrbuch 2/2000, S. 523–524.

Alexander Thumfart, Arno Baruzzi, Europas Autonomie sowie Arno Baruzzi, Philosophieren mit Jaspers und Heidegger, in: Philosophisches Jahrbuch 1/2001, S. 209–211.

Alexander Thumfart, Der Mensch als Nachahmungswesen. Gabriel de Tardes soziologischer Klassiker, in: Vorgänge. Zeitschrift für Bürgerrechte und Gesellschaftspolitik, Nr. 167, 43. Jg., 3/2004, 114–117.

Alexander Thumfart, Herfried Münkler, Imperien. Die Logik der Weltherrschaft – vom Alten Rom bis zu den Vereinigten Staaten, in: Internationale Zeitschrift für Philosophie 15. Jg., 1/2006, S. 148–153.

Alexander Thumfart, Alois Riklin, Machtteilung. Geschichte der Mischverfassung, in: Politische Vierteljahresschrift, 47 Jg., 3/2006, S. 475–477.

Alexander Thumfart, Olaf Baale, Abbau Ost. Lügen, Vorurteile und sozialistische Schulden, in: Uwe Backes/Alexander Gallus/Eckhard Jesse (Hrsg.), Jahrbuch Extremismus & Demokratie, 21/2009, Baden-Baden 2010, S. 376–377.

Alexander Thumfart, Vasileios Syros, Die Rezeption der aristotelischen politischen Philosophie bei Marsilius von Padua. Eine Untersuchung zur ersten Diktion des Defensor pacis, Leiden-Boston 2007, in: Mediaevistik. Internationale Zeitschrift für interdisziplinäre Mittelalterforschung, Vol. 24, Arizona-Würzburg 2011, S. 707–711.

Alexander Thumfart, Marie Ulber, Landschaft und Atmosphären: Künstlerische Übersetzungen von Marie Ulber, in: Environment, Space, Place 12(1), 2020, S. 136–140.

Zeitungsartikel, Interviews etc.

Alexander Thumfart, Risse im Zeitgefüge, in: Zeit in Fugen, Sondernummer PH-Report 1997, S. 11–12.

Alexander Thumfart, Der Koalitionsvertrag: Ideal und Wirklichkeit, in: Thüringer Alternative. Zeitung des Landesverbandes Bündnis90/Die Grünen 5/1998, S. 3.

Alexander Thumfart, Würde, Mimik und Gesicht. Wiederentdeckt: Eine Freiburger Tagung nimmt Helmuth Plessners Anthropologie in den Blick, in: Frankfurter Rundschau vom 21. November 2000, S. 20.

Alexander Thumfart, Das Verlachen der gefährlichen Theologen. Über Ulrich von Hutten (1488–1523) und Crotus Rubianus (ca. 1480–1545), die Verfasser der satirisch-humanistischen Dunkelmännerbriefe, in: Thüringer Landeszeitung vom 30. Dezember 2000, S. 4.

Alexander Thumfart, Interview mit Radio Dreyeckland (Freiburg) am 15. Februar 2001 zum Thema: Universitäten im Transformationsprozeß.

Alexander Thumfart, Literatur-Gespräche. Ein literarisches Quintett an der Universität Erfurt, 19. November 2001.

Alexander Thumfart, Filmmoderation im Rahmen der vom DGB-Thüringen organisierten Filmreihe zur Arbeitswelt vom 25.–27. April 2002 in Erfurt.

Alexander Thumfart, Interview mit Wolfgang Bernhard für die „Deutsche Welle" zur politischen Situation in Ostdeutschland, 5. Juni 2002.

Alexander Thumfart, Zu Carmelo Arnoldins Bernini-Installation: Im Katalog zur Erfurter Ausstellung „Ironic Turn". Contemporary Canadian Art, Erfurt vom 6. Juli bis 23. September 2003.

Alexander Thumfart, Interview mit „Freies Wort" in Suhl zu den neuen Montagsdemonstrationen; „Solidarität mit den Hartz-Betroffenen"; abgedruckt in „Freies Wort" vom 17. August 2004, S. 6.

Alexander Thumfart, Interview mit Radio WDR2 am 6. September 2004 im Morgenmagazin zu den Demonstrationen in den neuen Bundesländern.

Alexander Thumfart, Live-Interview mit Peter Zudeick im Radio NDR-Kultur2 am 7. September 2004 zu den Protesten in den neuen Bundesländern.

Alexander Thumfart, „Wir sind das Volk. Wozu noch Parteien?", Artikel zur Analyse der neuen Montagsdemonstrationen, in: DIE ZEIT vom 2. September 2004, S. 40.

Alexander Thumfart, Live-Interview mit MDR-Kultur, Sparte „Figaro", zu den Ergebnissen der Forsa-Umfragen im Magazin Stern, 9. September 2004.

Alexander Thumfart, Live-Interview mit DeutschlandRadio/Berlin zur Politischen Kultur und Demokratie in den neuen Bundesländern, 19. September 2004, http://www.dradio.de/dlf/sendungen/interview_dlf.

Alexander Thumfart, Interview mit Radio Bremen für die Programm-Sparte „verso“ zum Thema: „Alles was rechts ist. Rechtsradikale in den neuen Landtagen von Sachsen und Brandenburg“, 20. September 2004.

Alexander Thumfart, Instabil im Westen, stabil im Osten, Interview mit Renate Olschies zur Situation nach der Bundestagswahl, Berliner Zeitung, 26. September 2005.

Alexander Thumfart, Politisches Handeln am Bürger vorbei, Interview mit Walter Werner-Senff (dpa), in: Thüringer Landeszeitung, 4. Oktober 2005, S. 1.

Alexander Thumfart, Interview mit Kulturradio MDR-Figaro zu: Angela Merkel, erste Bundeskanzlerin der Bundesrepublik Deutschland, 11. Oktober 2005.

AlexanderThumfart, Interview mit Thüringer Landeszeitung „Der Ball ist rund: Gespräch über die WM und ihre Bedeutung für Politik, Kultur und Gesellschaft“, Thüringer Landeszeitung vom 25./26. Mai 2006, S. 5.

Alexander Thumfart, Bibliotheken in Europa, in: Heinrich-Böll-Stiftung/Thüringen (Hrsg.), Europa (er)finden – Kulturelle Identitäten in Europa. Eine Dokumentation zur Tagung, Erfurt 2006, S. 101–104.